suhrkamp taschenbuch 3993

»Eines Tages«, hat Cees Nooteboom einmal erzählt, »habe ich meinen Rucksack gepackt, Abschied von meiner Mutter und den Zug nach Breda genommen, mich an der belgischen Grenze an den Straßenrand gestellt und den Daumen hochgestreckt. Und ich bin eigentlich nie mehr zurückgekehrt.« Seit dieser ersten Reise ist der große niederländische Autor unterwegs, ist zu jenem Reiseschriftsteller mit überwältigendem Werk geworden, den wir heute kennen.

Der vorliegende Band bietet eine Auswahl seiner besten, zum Teil erstmals veröffentlichten Reisegeschichten aus Australien. Ein Meister der Nebenrouten, ein Spezialist für die unsichtbaren Gärten jenseits der hohen Mauern, ein Kenner der Räume, die hinter fest verschlossenen Türen warten – Cees Nooteboom führt mit Leidenschaft und Brillanz, sachkundig, leichtfüßig und selbstironisch durch Landschaften und Städte eines Kontinents.

Cees Nooteboom, 1933 in Den Haag geboren, lebt in Amsterdam und auf Menorca. Seine *Gesammelten Werke* liegen im Suhrkamp Verlag vor. Im suhrkamp taschenbuch erschienen zuletzt neben *Leere umkreist von Land* die Bände *Eine Karte so groß wie der Kontinent. Reisen in Europa* (st 3994), *Auf der anderen Wange der Erde. Reisen in den Amerikas* (st 3995), *In der langsamsten Uhr der Welt. Reisen in Afrika* (st 3996) und *Geflüster auf Seide gemalt. Reisen in Asien* (st 3997).

Cees Nooteboom
Leere umkreist von Land

Reisen in Australien

Aus dem Niederländischen von
Helga van Beuningen

Herausgegeben von
Susanne Schaber

Suhrkamp

Umschlagillustration: Jan Vanriet

suhrkamp taschenbuch 3993
Originalausgabe
Erste Auflage 2008
© Suhrkamp Verlag Frankfurt am Main 2008
Quellennachweise am Schluß des Bandes
Suhrkamp Taschenbuch Verlag
Alle Rechte vorbehalten, insbesondere das
der Übersetzung, des öffentlichen Vortrags sowie der Übertragung
durch Rundfunk und Fernsehen, auch einzelner Teile.
Kein Teil des Werkes darf in irgendeiner Form
(durch Fotografie, Mikrofilm oder andere Verfahren)
ohne schriftliche Genehmigung des Verlages reproduziert
oder unter Verwendung elektronischer Systeme
verarbeitet, vervielfältigt oder verbreitet werden.
Satz: Hümmer GmbH, Waldbüttelbrunn
Druck: Druckhaus Nomos, Sinzheim
Printed in Germany
Umschlag: Göllner, Michels, Zegarzewski
ISBN 978-3-518-45993-5

1 2 3 4 5 6 – 13 12 11 10 09 08

Leere umkreist von Land

Im Zeichen des Orion

Ich weiß nicht, ob jeder ein Lieblingssternbild hat, ich jedenfalls habe eines. Es ist Orion, der blinde Jäger. Im Sommer, in Spanien, wenn ich in diesen eigentümlichen, leeren Stunden vor Tagesanbruch wach werde, gehe ich oft in den Garten, um nachzuschauen, ob er schon da ist. Sehr still ist es dann auf der Insel, auf der ich wohne. Ich bilde mir ein, in der Ferne das Meer zu hören, doch dahinter ist noch ein anderes Geräusch, das der Weltenuhr. Dafür braucht es sehr scharfe Ohren, doch ich glaube es zu hören, dieses langsame Kreisen der Welt und das leise Knarren des Sternengewölbes darüber. Häufig ist der Himmel unbewölkt, und wenn es die richtige Stunde ist, erscheint der Jäger zu seinem ewigen Stelldichein mit Sirius, seinem Hund. Ich sehe seine mächtigen Schultern, sein Schwert, die drei Diamanten in seinem Gürtel. Er ist da, wird immer da sein, auf dem Weg zur aufgehenden Sonne, die jetzt noch verborgen ist. Einst von König Oinopion geblendet, war ihm vom Orakel gesagt worden, er müsse nach Osten gehen. Auf seiner Schulter trug er einen jungen Mann aus der Schmiede des Hephaistos, der ihm den Weg bis zu dem Punkt weisen sollte, an dem der Sonnengott Helios ihm das Augenlicht wiedergeben sollte. Doch Artemis tötet ihn, den Jäger, mit ihren Pfeilen und verwandelt ihn in ein Sternbild, einen Jäger, bestehend aus Sternen, den Mann, den ich überall auf der Welt als erstes suche, wenn ich zum nächtlichen Himmel hinaufblicke.

Poussin hat ihn einmal gemalt. Jung ist er da, kräftig, ein Riese. Mit riesenlangen, federnden Schritten schreitet er durch eine romantische, bergige Landschaft, auf dem Weg zum leuchtenden Ozean. Auf seinen Schultern eine lebende Puppe, sein Führer. In den Wolken die göttliche Jägerin. Sie steht auf diesen Wolken, stützt sich mit dem Ellbogen auf sie, Wolken aus dem Stoff, aus dem Träume gemacht werden, Materie, auf der eine Göttin gehen kann. Die Menschen in der Landschaft sind klein, wie es sich gehört unter lebenden Sternen. Die Bäume sind wild, weit ausladend, grün, Licht glänzt auf dem kupfernen Pfeilköcher des Jägers. Unbeirrbar, als wäre er nicht blind, setzt er seinen Weg fort, und das tut er immer.

Auch jetzt, doch was für ein Jetzt ist dies? In seinem Leben gibt es keinen Zufall mehr, in meinem dagegen wohl, und dies ist einer davon, einer meiner zufälligen Jetzt-Momente, ein Morgen im September, zur fünften Stunde. Ich bin lange geflogen, das Dunkel unter mir muß Australien sein, ich suche meinen Orion, habe jedoch lediglich mein kleines Flugzeugfenster, das durch die verdunstete Eiseskälte der unwirtlichen Oberwelt wie beschlagen aussieht. Und dennoch sehe ich ihn, allerdings ist etwas Merkwürdiges mit ihm geschehen, etwas, das ich hätte wissen müssen: Ich sehe ihn verkehrt herum, da ich am unteren Ende der Welt hänge und mein eigener Antipode geworden bin. Ich müßte mich um meine horizontale Achse drehen, um ihn sehen zu können, wie er sich mir sonst immer zeigt. Aber das macht nichts, seine vertraute Form ist mir genug, ich weiß, er ist da. Hell strahlt er, sein Umriß eine Kette aus Karfunkeln. Ich weiß, er ist auch hier auf dem Weg zur Sonne, die ihm sein Augenlicht wiedergeben wird, und nicht nur ihm, sondern auch mir. Wenn unter mir Land ist, werde ich es bald sehen. Und dann sehe ich es. Zunächst noch als etwas Graues, Krustiges, ein Land aus Schatten, fast nichts zu erkennen. Dann wird es vom neuen Licht aus dem Dunkel gezogen und beginnt sich selbst zu zeichnen.

Dieser erste Anblick war unvergeßlich. Es muß irgendwo über Victoria oder New South Wales gewesen sein. Die Erde tat sich auf, und gleichzeitig verbarg sie sich, denn was ich sah, war ein Spalt in bergigem Land, eine weite, schwarzgerandete Öffnung, gefüllt mit einer weißleuchtenden Wolkendecke. Falls dort Anzeichen von Menschen zu entdecken gewesen wären, konnte ich sie nicht sehen, waren sie von diesen leuchtenden, bauschigen Nebeln verschleiert. Ein leeres Land also, wie damals vor zweihundert Jahren. Leer und nicht leer. Nicht leer, weil dort seit Urzeiten Menschen leben, die heute Aborigines genannt werden, ein Name, den sie sich selbst nicht gegeben haben. Und trotzdem leer, weil es bis zur Ankunft der Europäer nie mehr als zweihunderttausend waren, auf einem Kontinent so groß wie Amerika.

Manchmal, für einen Moment, vermittelt einem Fliegen diese Empfindung – die Illusion des Entdeckens. Die Stunde oder die Route läßt einen glauben, das Land dort unten habe noch keiner erblickt, man sei der erste. Dieses Gefühl verschwindet erst beim Anblick des ersten kleinen Lichts, der ersten Straße, der ersten geraden Linien, den Anzeichen von Menschen in der Landschaft. Aber so hat es sich den ersten Entdeckern natürlich nicht dargestellt, weder den Aborigines vor vierzigtausend Jahren noch den furchterregenden Spätankömmlingen: Was sie von ihren niedrigen Kanus oder ihren hohen Holzschiffen aus sahen, war immer ein Umriß, eine Kontur, ein verschwommener Landstrich, eine blaue Form von Felsen oder Bergen in der Ferne, jenes Geheimnis nach einer langen Seereise: neues Land. Wird dieses Land nun entdeckt oder wollte es entdeckt werden? Und wenn das Land die Entdecker entdeckte? Man braucht schließlich nur seine Gedanken umzudrehen. Jemand denkt, daß es dort Land geben muß, und macht sich auf die Suche. Wenn er es findet, wer hat dann wen gefunden? Und dann: Das Land, das dort liegt, ist eine Gegebenheit. Die Entdecker bringen die Flüsse, die Berge, die wilden Tiere, die Wüsten nicht mit. Die sind schon da, und durch ihre Anwesenheit zwingen sie die sogenannten Entdecker, sie zu entdecken, und nicht nur das, sie zwingen sie auch, sich anzupassen. Dieser Gedanke wird in einem wunderbaren, querköpfigen Buch von Paul Carter über die Entdeckung Australiens durchgespielt, *The Road to Botany Bay*. Ich kann mich seinem Reiz nicht entziehen. Folgt man dem Gedanken, dann stellt sich die Geschichte nicht als imperialistische Chronologie dar, nach der die neuen Bewohner sich das Land sukzessive untertan machten, sondern umgekehrt, das Land, der geographische Raum dieses Landes, zwingt die Entdecker, die durch das Land, aus dem sie ursprünglich stammen, historisch bestimmt sind, eine neue, räumliche Verbindung zu ihrer neugefundenen Welt einzugehen, die sie danach ein für allemal bestimmen wird. So war es bei den Aborigines, so ist es bei den neuen Bewohnern.

Zum Konflikt kommt es, wo die neuen Südländer das Land verändern wollen. Das haben die Aborigines nie getan. Sie haben gejagt und gesammelt, sie selbst sind das Land geworden. Sie haben nicht bestellt oder urbar gemacht, haben das Land nicht merklich angerührt. Man könnte sagen, sie haben darauf gelebt im Zyklus einer Ernte, die sich selbst stets von neuem ausgesät hat, und das Zehntausende von Jahren lang, von der Traumzeit bis zum Ende, und dieses Ende war der Anfang der anderen. Im weiteren Verlauf meiner Reise werde ich sie sehen, die Aborigines, und sie werden mir vor allem geheimnisvoll erscheinen, unbegreiflich durch ihr Alter, das Zeichen eines unendlich weit zurückliegenden Ursprungs, das sie an sich tragen, ein Alter, neben dem man sich flüchtig und oberflächlich vorkommt. Das sind zweifellos literarische Empfindungen, doch ich kann mich ihnen nicht entziehen. Die Fotos ihrer bemalten Körper, die Idee der Traumzeit und die damit einhergehende Poesie, die extreme Komplexität ihrer Gesellschaft, neben der die des kaiserlichen Hofes in Japan verblaßt, die geheimnisvolle geistige Kodierung ihrer Malereien und das Wissen, daß diese nomadische Gemeinschaft so undenkbar lang unberührt in einer aus ewiger Luft bestehenden Zeitblase existiert hat, all das in Verbindung mit der Zerstörung dieser Kultur, die man in Australien täglich an den verlorenen, umherirrenden, betrunkenen Gestalten beobachten kann, die zu nichts und niemandem zu gehören scheinen, all das läßt einen nicht mehr los von dem Augenblick an, da man ankommt.

Nun habe ich aber vorgegriffen. Orion ist verblaßt, verschwunden, er ist noch da, aber ich sehe ihn nicht mehr. Das macht nichts, ich werde ihn auf dieser Reise fast täglich sehen, immer auf dem Kopf, immer er selbst, unterwegs mit seinen blinden Schritten über der Wüste, über einer Lichtung im tropischen Regenwald. Ich werde jetzt gleich landen und den heiteren Frieden von hier oben vertauschen mit dem Anekdotischen der Ankunft. Alle sind müde, gereizt, angespannt. Zoll, Paßkontrolle, alles, bis hin zu den Aufschriften im Flughafen, wirkt plötzlich englisch und damit enttäuschend, zu alltäglich, zu wenig fremd, das kenne ich schon. Auch draußen sieht es aus wie irgendwo in England. Linksverkehr, Backsteinhäuser, gezähmte Landschaft, der Klang der Sprache.

Eine Stunde später sitze ich in einem ruhigen Hotelzimmer und sehe mir eine rudimentäre Karte von Sydney an. Grün bedeutet wie immer Parks und Gärten, Blau Wasser, Hellrosa die bebaute Fläche. Ich suche die Botany Bay, kann sie aber nicht finden. 1770 war James Cook dort gelandet und hatte den Ort für geeignet befunden, ihn zu besiedeln. 1788 war es soweit. Zu diesem Zeitpunkt landen die Schiffe der *First Fleet* mit 1044 Menschen, darunter 568 straffälligen und verurteilten Männer, 191 Frauen. Die Reise hatte eine Ewigkeit gedauert, hatte über Rio de Janeiro geführt, durch die ganze Welt. Verurteilte, *convicts*. Dabei habe ich immer an Verbrecher gedacht, doch inzwischen weiß ich es besser. Zu jener Zeit stand in England auf 160 Vergehen die Todesstrafe. Wenn alles ein Verbrechen ist, hat man zu viele Gefangene. Der Diebstahl von Schuhschnallen konnte einem bereits sieben Jahre Verbannung eintragen.

Die Lage in England war schlecht. Der Kolonialkrieg mit Amerika war verloren, aufgrund der politischen Vorbehalte gegen die Sklaverei konnten die Gefangenen nicht mehr nach Amerika verschickt und, wie

13

bisher, durch Zwischenhändler an Plantagenbesitzer verkauft werden, es gab Hunger, man fürchtete Aufstände, und am anderen Ende der Welt lag ein »Neu-Holland«, eine Insel, so groß wie ein Kontinent, so leer wie eine unbeschriebene Landkarte, selbst Cook hatte lediglich ihre Umrisse berührt. Dorthin fuhren nun die Schiffe mit den Verbannten, den Huren, den armen Schluckern, die nichts als ein Brot gestohlen hatten, und dem echten Gesindel. In London lachte man über die Vorstellung einer Kolonie von Dieben. Von den Aborigines wußte man nicht viel mehr, als daß Cook sie gesehen hatte. Er hatte sie aber nicht nur gesehen, sondern auch bewundert.

»Manchen«, schrieb er, »mögen sie als die elendsten Menschen auf Erden erscheinen, doch in Wirklichkeit sind sie weit glücklicher als wir Europäer; weil sie nichts von den überflüssigen, uns aber so notwendigen Annehmlichkeiten wissen, auf die wir in Europa so versessen sind, berührt es sie nicht weiter, daß sie sie nicht kennen. Sie leben in einer Ruhe, die nicht durch Ungleichheit gestört wird: Nach ihren eigenen Worten liefern Erde und Meer ihnen alles, was ein Mensch braucht, um leben zu können; sie haben keinerlei Verlangen nach prachtvollen Häusern, allen möglichen Dingen et cetera, sie leben in einem wundervollen und angenehmen Klima und in gesunder Luft, so daß sie kaum Kleidung benötigen, denn diejenigen, denen wir Kleidung gegeben hatten, ließen sie achtlos am Strand oder im Wald zurück als etwas, das sie nicht brauchten. Kurz gesagt, sie schienen allem, was wir ihnen gaben, keinen Wert beizumessen und wollten auch nichts von ihrem Besitz im Tausch gegen etwas hergeben, das wir ihnen geben wollten, was meiner Meinung nach bedeutet, daß sie der Ansicht sind, alles, was im Leben vonnöten ist, bereits zu besitzen, so daß sie kein Verlangen nach Dingen haben, die überflüssig sind.«

Im blauen Netz der Wasserwege habe ich inzwischen die Botany Bay gefunden. Sie liegt südlich des Ortes, an dem ich gerade bin. Am 13. Mai 1787 war die Flotte mit den Gefangenen ausgelaufen, am 26. Januar des darauffolgenden Jahres, mitten im australischen Sommer, lagen endlich alle Schiffe vor Anker in der Botany Bay. Die gleiche Reise dauert jetzt etwa siebenundzwanzig Stunden, dumm blicke ich auf die Karte, die blauen Meeresbuchten, die grünen Landzungen. In meinem Kopf läuft ein Cinerama ab, ich versuche mir auch die Gerüche dazu vorzustellen. Was dachten diese Menschen? Losgerissen aus ihrer Umgebung, fast ein Jahr lang unterwegs auf ein paar beengten Schiffen. Jetzt das fremde Südland vor ihnen, *terra australis incognita*, still, leer, die Konturen von etwas Verborgenem, ihrem neuen Leben, wenngleich einem, in dem sie nach wie vor Sträflinge sein würden, Gefangene, Unterschicht.
Karten bekommen etwas Albernes, wenn man sie so betrachtet, und dieser Eindruck von Albernheit wird

sich in den kommenden Tagen noch verstärken, weil ich zwischen all den Häusern, Wolkenkratzern, Fähren, Brücken, Kriegsschiffen, Villen, Namen immer noch an diesen Beginn vor zweihundert Jahren denken muß. Was heute einen Namen hat, hatte damals noch keinen, was dort lag, war *Natur*, Land, Landschaft, die sich vorschrieb als Umgebung, als Schicksal. Alles muß fremd gewesen sein, die Bäume, die Gerüche, das Unangetastete, das Unbewohnte. Es war möglicherweise das letzte Mal in der Weltgeschichte, daß so etwas passierte, und der Gedanke ist unwiderstehlich: Das ist nie mehr möglich. Selbst wenn Menschen irgendwann den Mond besiedeln sollten – er ist längst *gesehen*, kartiert worden.

Wo aber ist hier, im Südland, die Quelle der Flüsse? Wo wohnen die Bewohner, die nicht wohnen, sondern über das endlose Land ziehen – Volk in Bewegung? Was liegt hinter den Bergen? In den nachfolgenden Jahrzehnten werden die Neuankömmlinge alles »entdecken«, was die Aborigines in vierzigtausend Jahren gefunden und unverändert gelassen hatten. Keine Tempel, keine Pyramiden, keine Städte, lediglich Zeichen einer buchstäblich oberflächlichen Anwesenheit, Malereien auf Felswänden, Gegenstände, Spuren von Pfaden durch die leere Landschaft, die zweihundert Jahre danach noch immer nicht voll ist, nicht fertig, denn auch heute noch benennen die neuen Namen ungeheure Leeren, tagelang kann man reisen und kaum einen Menschen sehen.

Doch soweit bin ich noch nicht, noch habe ich nur meine Verwunderung, das Gefühl, mit dem ich hinausgehe, die Straße entlanggehe, jemand, der ein wenig herumspaziert, der einen Hügel hinunterschlendert, Kriegsschiffe sieht, festgemacht an einem Kai, dann das Wasser erblickt, das auf der Karte so blau ist, einen Hügel, grüner als grün, der langsam aufwärtskriecht, eine bernsteinfarbene Kathedrale, die genausogut in England stehen könnte, eine Stadt in der Ferne; und der dann wieder einem Weg folgt hinunter in den Hafen mitten in der Stadt, den Ort, den der erste Gouverneur, Arthur Phillip, zur Besiedlung aussuchte, vierzehn Meilen von Botany Bay entfernt, da es ihm dort nicht gefallen hatte. Damals Port Jackson, Sydney Cove, heute einfach Sydney, eine Millionenstadt an hundert Buchten, lebhaft, eine Metropole am anderen Ende der Welt, klare Seeluft durchweht sie, berührt die Nachkömmlinge, die erst zweihundert Jahre alten Neuankömmlinge, die Südländer.

Wer Geschichte sehen will, sieht sie immer, sieht unter dem Asphalt das eben erst betretene Land, sieht die hohen Segelschiffe im Hafen, sieht in den Gebäuden, die jetzt da stehen, die »alten« Gebäude, versteht, warum die Neuankömmlinge nicht anders konnten, als ihr Ursprungsland neu zu erbauen. Sie brachten ihre Herkunft mit, und was sie errichteten, sah aus wie eine Kulisse, eine Nachbildung dessen, was sie hinter sich gelassen hatten. Erst später sollte eine eigene Formensprache entstehen. Sie setzten ihre Backsteinbauten zwischen Menschen, die in all den Zehntausenden von Jahren nie etwas erbaut hatten, weil sie es nicht wollten, sie pflanzten ihr Getreide und ihre Nutzpflanzen neben Menschen an, die während dieser ganzen Zeit nie etwas angebaut hatten, weil sie es nicht brauchten. Damit verdrängten sie die Aborigines aus dem Erbauten, Angebauten, mit der Folge, daß diese sich zurückzogen, verschwanden, umherstreiften, sich anderswo aufhielten, sichtbar unsichtbar. Paradoxerweise halfen die Vertriebenen jedoch den Neuankömmlingen, zeigten ihnen Wasserläufe, lehrten sie Spuren zu lesen, machten sie mit den Landschaften vertraut und besiegelten damit ihre eigene Vertreibung. Wo ich jetzt bin, sind sie nicht mehr, es sei denn als Ausnahme, unvermittelte, sehr sichtbare Erscheinungen in der Menge. Und diese Menge? Weil ich hier noch nicht lange genug bin und vielleicht auch, weil ich kein Engländer bin, kommt sie mir englisch vor. Ein Engländer würde eher die Unterschiede sehen. Die kann ich eigentlich nur hören: Es ist ein anderes, rauheres Englisch, ähnlich dem Cockney, vielleicht ist es aber auch nur wilder, freier, weniger maniriert als manches andere Englisch. Ein Engländer wird hier als *pom* bezeichnet, das klingt nicht gerade schmeichelhaft, aber auch nicht böse. Was ich an Englischem zu sehen meine, ergibt sich aus dem Zusammenhang: Angesichts einer Statue von Königin Victoria und auf der linken Straßenseite fahrender Autos gehen die Assoziationen ihre eigenen Wege. Vietnamesen, Sikhs, Griechen, Italiener, Japaner, natürlich, aber das wäre auch in London nicht ungewöhnlich.

Ich bin der Meinung, nach Süden zu gehen, doch sowohl der Karte nach als auch in Wirklichkeit gehe ich nach Norden. In einem Schaufenster sehe ich die auf den Kopf gestellte Welt: eine Weltkarte, auf der Australien oben liegt, *on top*. Warum nicht? Was ist oben und unten auf einer sich drehenden Kugel? Meine Intelligenz reicht nicht aus, um zu erschließen, ob ich gemäß der Wahrheit dieser Karte nun nach Süden oder nach Norden gehe, jedenfalls bewege ich mich Richtung Circular Quay, zum Wasser, wo die Oper liegen muß und wo die Fähren ablegen. Ich bin geflogen, jetzt will ich mit dem Schiff fahren.

Schon von weitem sehe ich die Oper. Manche Gebäude lassen einen erstarren. *He froze in his tracks* heißt das in Abenteuerromanen, und genau so ist es. Ich bleibe stehen, in meinen Spuren angefroren. Hundertmal habe ich dieses Gebäude auf Fotos gesehen, ich kannte es doch schon? Doch nun ist es Raum geworden, hat sich aus der Fläche des Fotos herausgemeißelt und steht jetzt mit geblähten Segeln und Flügeln da. Ein Schwan, habe ich gehört, ein Segelboot, doch das Segeltuch, die Flügel sind aus glänzendem weißem Stein, ich kann ihn anfassen, nachdem ich herangetreten bin. Dies ist eine Akropolis für kommende Jahrhunderte, ein mythisches Gebäude, eine *Person*. Eine Mönchskapuze hinter der anderen, eine teuflische Unregelmäßigkeit, die schön wirkt; es schwimmt und fliegt, es ist ein Zwitter, eine Amphibie, die auch noch davonschweben könnte, ich umkreise es mit der Begierde des Anbeters. Mich endlich von ihm loszureißen gelingt mir nur, weil ich beschließe, es noch einmal, und zwar vom Wasser aus, zu betrachten.

Die Fähre liegt stampfend und wogend am Kai, der Wind ist wild. September, Frühjahrsbeginn. Alle haben die Füße auf die Reling gestützt, als wir wegfahren, sehe ich hinter mir immer mehr Wolkenkratzer. Kais, andere schaukelnde Schiffe, das Wasser unruhig, Möwen, Segler, Schlepper, eine Stadt am Meer. Die Oper hat die Visiere hochgeschoben, im Gegenlicht ist das Gesicht unter den spitzen, glänzenden Helmen ein gefräßiger blinder Fleck, ein Maul, imstande, die leichtsinnigen Segelboote, die an ihm vorbeigleiten, zu verschlingen.

Meine Karte nennt Namen am Wasser, an den Ufern, Parramatta River, Goat Island, Kirribilli Point, Woolloomooloo Bay, und ich koste die Wörter, bittersüß – süß wegen des Klangs, bitter wegen jener, die diese Namen erdacht haben und jetzt nicht mehr hier leben. Der Klang ihrer Sprache durfte als exotische Erinnerung bleiben, als Ausschmückung der Gegenwart, Versüßung der Vergangenheit. Neben mir sitzt ein winziger Teenager, die schmalen Füße in chinesischen

Schühchen übers Wasser hinausgestreckt. Die Kleine liest ein Comic-Heft und raucht wie ein Filmstar. Die Fähre geht nach Manly, dort werde ich den Bus nehmen für eine unbestimmte Mission. Ich habe mir den äußersten Punkt auf der Karte ausgesucht, vielleicht schaffe ich es noch bis dorthin, bevor es dunkel wird. Busse und Züge sind mein Fernseher. Hinter dem Schirm ziehen die Romane vorbei, die Namen auf Gebäuden und Schaufenstern sind die Untertitel. Immer wieder Buchten und Förden, dann und wann ein Seufzer des Ozeans, wogend zurückweichend die Südhälfte Sydneys, die große eiserne Hafenbrücke, sich verschiebende Tafelbilder.

Das Erstaunliche an der Geschichte dieses Landes ist die Geschwindigkeit, mit der alles vor sich gegangen ist. Man beginnt mit einem Schiff voller Opfer, Soldaten und Beamten, und zweihundert Jahre später hat man ein Land, tragen die Berge Namen, sind die Grundbücher voll, die ersten Forts Denkmäler, die Forscher und Gouverneure Straßennamen, die Friedhöfe geräumt, die Regale in den Bibliotheken voll mit Material. Meutereien, Gefangenenrebellionen, sadistische Racheakte, brillante, dumme und korrupte Politiker, Fraktionen, Briefe ans Mutterland, Haß zwischen rehabilitierten Strafgefangenen und der nächsten Generation von Neuankömmlingen, zwischen Engländern und den verachteten Iren, zwischen neuen Landbesitzern und den Nachkommen von »Verbrechern«.

Und die anderen? Sie hatten keine geschriebene Geschichte. Sie waren in der ewigen Wiederholung ihrer gleichbleibenden Jahreszeiten zu ihrer eigenen Geschichte geworden. Sie lebten in den Legenden und Mythen der Traumzeit und träumten und malten und tanzten, immer zurückgezogener, an den Stätten ihrer Ahnen, sie lebten an heiligen Orten, die die später Gekommenen nur schänden konnten, und das, ohne es auch nur zu begreifen. Diese beiden Kulturen waren dazu verurteilt, einander nicht zu verstehen. Nach einem ewigen Paradox ist es undenkbar, daß dieses Südland, in dem ein Niederländer erstmals im Jahre 1616 seine Sprache in geschriebener Form an einer noch leeren Küste hinterließ, leer hätte bleiben können. Leer? Die Sprache verrät den irrigen Gedankengang. Es war doch nicht leer? *Sie* waren doch da? Vielleicht ist es so, daß eine Anwesenheit, die das Land unberührt läßt, es nie mit der Schwerkraft aufnehmen kann, die das Wesen der Geschichte zu sein scheint, weniger als unausweichlicher Lauf im Sinne der Marxisten denn als Sog des Vakuums. Unausweichlich ist schließlich ein abgedroschenes Wort, ein im nachhinein erbrachter Beweis, keine Vorhersage.

Wenn die Fähren hier wie Fähren aussehen, die Weißen wie Weiße und die Häuser wie Häuser, worin besteht dann das Andere? Das Andere sind die Bäume, die Pflanzen, die wenigen Vögel, die ich bisher gesehen habe. Der Bus hat mich an seiner Endstation abgesetzt, ich bin viel zu weit gefahren, die ersten Nebelschwaden schleichen bereits über die Landschaft, Dunkelheit klebt an den Bäumen, *gumtrees*, eukalyptusartige weiße Spukstämme, Geistererscheinungen im Kegel der ersten Autoscheinwerfer. Zwei kleine Jungen in Schuluniform kommen vorbei, grüne Bänder um die flachen Strohhüte, seltsam.

Ich gehe die Novelist Street entlang, dazu fällt mir nichts ein. Ein Golfplatz, merkwürdiger Gesang aus einem Clubhaus. Alles wird fremd. Ich finde einen Kamm auf der Straße und als nächstes eine Sonnenbrille mit verspiegelten Gläsern. Ich setze sie auf und sehe einen verdunkelten alten Mann mit einem Spaniel. Tweed, Einstecktuch, etwas sehr Nördliches, ein Fremdkörper in den Subtropen, in denen wir beide spazierengehen. Er wirft einen erstaunten Blick in meine Spiegel. Bei dem Dämmerlicht? Erst als er weg ist, setze ich meine Brille ab und sehe mich an, einen verschwommenen Fremdling. Dann höre ich das Geräusch eines kleinen Flugzeugs. Ich bin am Wasser angelangt und sitze auf den in sich verbissenen Wurzeln eines Baumes, der mich beschirmt wie tausend Regenschirme. Auf dem Wasser rudern zwei Männer. Sie haben ihren Menschen verloren, sind nur noch zwei Schemen. Das kleine Flugzeug streift jetzt fast die afrikanischen Regenschirme über mir, ich sehe den Lichtstrahl des Zyklopenauges, das auf die beiden Männer im Ruderboot gerichtet ist, genau wie in einem Spionagefilm. Es fliegt geradewegs auf die beiden zu, auf die flimmernde, flüsternde Wasserfläche, und dann plötzlich, als ich schon glaube, es stürze gleich ab, werde verschlungen, sehe ich, daß es ein Wasserflugzeug ist. Es landet, und in der nun sehr schnell hereinbrechenden Dunkelheit beobachte ich, wie sie mit Leinen und Ankern zugange sind, und dann sind es drei Männer, die wegrudern, Traumbilder im letzten Licht.

Sydney, Melbourne, Brisbane. Die Namen sind Bilder geworden, einige habe ich gelöscht, andere bewahrt. Ich war wegen etlicher literarischer Veranstaltungen anläßlich der Zweihundertjahrfeier Australiens hierhergekommen. In den Niederlanden hatten manche diesem Ereignis das Etikett *Fest* aufgeklebt, doch das sind Leute, die nicht wissen, wie es auf Literaturfestivals zugeht. Ein Symposium zu Übersetzungsfragen, eine Forumsdiskussion über Minderheiten, eine Tagung über Leidenschaft und Politik, kleine Kongregationen Gutwilliger, eingewanderte Griechen, verbannte Rumänen, geflüchtete Vietnamesen, Gespräche über Un/Einigkeiten mit Aborigines-Dichtern, Feministinnen, Exilanten, Übersetzern, Niederländern, das Gehabe von Menschen mit den Besten Absichten, überlaßt die Welt nur uns, dann wird alles gut, aber jetzt erst mal der Turm zu Babel, nächtliche Gespräche, das Rezitieren unlösbarer Probleme, das Ganz-Ohr-Sein für gute und schlechte Gedichte, die Tragik anderer, ihre als Provokation getarnte Verzweiflung. Kleine Säle, Zuhörer, die wirken wie Mitglieder einer geheimen Glaubensgemeinschaft, derlei Dinge. Ich lausche den Worten, den Akzenten, sehe, wie sie den meinen lauschen, lese meine Gedichte in dieser Sprache vor, die sie anders macht, und versuche, durch die Schleier ebendieser Sprache die Gedichte der anderen zu hören, höre Stimmen aus Tonga, Neuguinea, aus weit entfernten Regionen des Südlands, in dem ich jetzt bin, bekomme Adressen, soll jemanden in Fidschi besuchen, erzähle meine Geschichte in kleinen, verborgenen Rundfunkstationen, verschenke Bücher, bekomme Bücher. Sie haben etwas Heimliches, diese Zusammenkünfte, und es gibt eine Übereinkunft: Womit wir uns beschäftigen, ist nicht das gleiche wie das, womit man sich draußen beschäftigt, dies ist das apokryphe, mobile Königreich der Ausnahme, der Minderheiten, und draußen, in Brisbane, Melbourne, Sydney, tobt das Leben der echten Menschen, der Leute, die nicht zusammenzukommen brauchen, da sie ohnehin immer beisammen sind.

Alchimie der Doppelleben, denn in den Stunden, in denen wir nicht tagen, lesen und gegenseitig unseren Klagen und unserem Jubel lauschen, verfallen wir selbst diesen Städten, verwandeln uns unmerklich in füreinander unsichtbare Andere, Passanten, Schlenderer, Besucher, Fremde, Antipoden. Neue Freunde nehmen uns mit zu Stränden, Caféterrassen, Ausstellungen, Restaurants, erklären uns die Sitten, die Geschichte, die Strudel unter der Oberfläche, erläutern uns, wie wir die Zeitung zu lesen haben, welches Gewicht manche Namen haben, die Verhaltenskodexe, die Sinnbilder der Gleichheit. Man sitzt im Taxi nicht hinten, sondern neben dem Fahrer, sonst ist man ein Snob. Man unterläßt Phrasierungen, denn man mag es geradeheraus. Am meisten lerne ich freilich wie immer beim Gehen, beim Gehen und Schauen. Im Verhalten liegt die Freiheit einer neuen Welt, sehr angenehm. Ich lese täglich *The Australian*, als hätte ich nie etwas anderes getan, folge den Debatten für und gegen höhere Einwanderungsquoten für Asiaten, der Korruption in Brisbane, den Erörterungen, wer zu den Aborigines gehört und wer nicht – ich bin jetzt hier, lese alles, wie ich Bäume lese, die Baobabs, die Jacarandas, die Anti-Aids-Parolen in den Bussen, die kolonialen Grabsteine in den Kirchen, und währenddessen weiß ich, daß ich noch nicht wirklich hier bin, daß ich lediglich den Rand berührt habe. Das eigentliche Land ist das, das ich auf der Karte sehe, die grausigen Entfernungen, die weißen Flecke der Wüsten, die Namen des hohen tropischen Nordens, all die Orte, zu denen ich noch will.

Allein, es ist noch nicht soweit. Die Augen aufzumachen ist für den, der es richtig machen will, ein moralisches Prinzip, auf diese Weise kann man sehen, wie ein Land sich mit sich selbst auseinandersetzt, wie es seine Vergangenheit verarbeitet, seinen Umgang mit der Umwelt bestimmt, seine Zukunft absteckt. Es sind Fragmente, die zusammengenommen einen Gedanken schreiben.

In der Kühle der St. James-Kirche in Sydney lese ich die Botschaften der Verschwundenen. »The Lord Bertrand Gordon, 3rd Son of Charles, 10th Marquis of Huntley, 1850-1869 – for what is your life? It is even a vapour that appeareth for a little while, and then vanisht away.« Und sieben Schritte weiter: »In memory of John Gilbert, ornithologist, who was speared by the blacks on the 29th of June, 1845, during the first overland expedition to Port Essington by Dr. Ludwig Leichhardt and his entrepid companions.«

Tote, die noch etwas sagen. Grabsteine kann ich besser lesen als Dokumentarberichte. Was man vom Allgemeinen weiß, wird durch das Besondere erhellt, so daß es unabweislich vor einem steht. »Edmund Berley Kennedy, after having completed the survey of the river Victoria (...) had to face destructive effects of consequent diseases, by which the expedition, originally consisting of 13 persons was reduced to three. He was slain by the Aborigines in the vicinity of Escape River, 1848, falling a sacrifice in the 31st year of his life. Survivors were William Carron, botanist, William Goddard, and Jackey Jackey, an Aboriginal of Merton District, who was Mr. Kennedy's sole companion in his conflict with the savages, and though he himself was wounded, tended his leader with a courage and devotion worthy of remembrance, supporting him in his last moments, and making his grave on the spot where he fell.«

Einen Tag später, in Brisbane, sehe ich auf der Weltausstellung den Zug der Zukunft hoch über mir fahren, ein einsamer futuristischer Pfeil, in Preußischblau in den nächtlichen Himmel geschrieben. Hier präsentiert Japan, das schon mehr als einen Fuß auf diesem Kontinent hat, sich in all seiner Macht und Glorie, und auch hier wird eine Dialektik zwischen einem Damals und einem Heute geschrieben, und zwar zwischen der ritualisierten Vergangenheit des Kabuki-Theaters und dem hundertfach wiederholten seriellen Bildschirm, der das Publikum in einem Kreis aus elektronischem Licht einschließt. Japan, dieses Wort ist hier nie weit zu suchen, hängt wie ein Schatten über dem saugenden Vakuum des Südlands und über den fernen, kleinen Inseln im Stillen Ozean. Auch die haben hier ihre Pavillons, Metaphern einer verschwindenden Welt, die stets auf der Verliererseite bleiben wird, geschmückte Hütten mit Tänzern und Sängern, Schmieden und Bildhauern. Zu meinen düsteren Gedanken paßt das Wetter dieses Abends, ein Gewittersturm, der mit Blitzen und peitschendem Regen auf die Expo einschlägt. Die Niederlande existieren nicht, sind auf dieser Weltausstellung nicht zu sehen, uns gibt es schon fast nicht mehr.

September 1989

Im Haus des früheren Krieges

Sonntag, 25. April 1915. Solange der Mond scheint, ist die vage Form des Landes noch auszumachen, ein großer Fisch, totenstill dahintreibend, halb über dem Wasser. Die Schiffe auf dem Meer fahren langsam, sie schleichen, können einander nicht sehen. Weinschwarz hatte Homer das Meer einst genannt, ein anderes. Torpedobootzerstörer, Transportschiffe, alte Kreuzer. An Bord der größte Teil der australischen Ersten Division. Die viertausend Mann der Dritten Brigade sollen als erste an Land gehen. Sie befinden sich an Bord der Kriegsschiffe, die weniger kanonenfeueranfällig sind als die Truppentransporter. Das letzte Stück soll mit Ruderbooten bewältigt werden, die jetzt noch in Trauben hinter den großen Schiffen herschaukeln. Um drei Uhr wird der Mond verschwinden, dann soll es losgehen, in jener unentschlossenen Stunde zwischen Nacht und Morgen, der Stunde der halben Dunkelheit, der Schatten, der Undeutlichkeit. Ob der türkische Feind sie wahrgenommen hat, wissen die Soldaten nicht. Auf der schemenhaft sich abzeichnenden Landmasse ist kein Licht zu sehen. Die Besatzung der Kriegsschiffe hat den Infanteristen ihre Unterkünfte und Kajüten abgetreten, gleich werden sie sie mit heißer Schokolade wecken.

Mehr als neun Monate wird der Angriff auf Gallipoli dauern. Allein bei den Australiern werden 7 500 Mann sterben, 24 000 werden verwundet werden, viele für ihr ganzes Leben verstümmelt, blind, verloren bleiben. Es sind ausschließlich Freiwillige, sie kommen aus allen sechs Bundesstaaten der ehemaligen Kolonie, aus den entlegensten Winkeln des Outback, sie werden im Nahen Osten kämpfen, im Schlamm Frankreichs. Insgesamt fast 60 000 werden nicht zurückkehren. Ihre Namen stehen auf der Mauer des War Memorials in Canberra. Jemand hat ausgerechnet, wie lange es dauert, an diesen Namen entlangzugehen, wie viele Schritte. Es sind viele.

Die Landung auf Gallipoli wird scheitern, wird mit dem Rückzug enden und dem einzigen Trost, daß es dabei wenigstens keine Metzelei gibt. Krieg ist Schach, allerdings mit Menschen. Der große Spieler am Schachbrett in London ist der junge Churchill. Wer die Halbinsel in seinem Besitz hat, kann ungestört die Dardanellen passieren, den engen Durchgang von der Ägäis ins Schwarze Meer, nach Rußland. Die Russen, die sich im Krieg mit Deutschland und der Türkei befinden, haben die Engländer gebeten, den türkischen Druck auf die russischen Truppen im Kaukasus zu lindern. Die Russen selbst sind den Franzosen zu Hilfe gekommen, indem sie in Ostpreußen eingefallen sind, mit katastrophalen Folgen. Wenn die Engländer nun eine Bewegung in Richtung Konstantinopel machen, müssen die Türken zumindest einen Teil ihrer Truppen von der russischen Front abziehen. Die gegenüber der asiatischen Türkei liegende Halbinsel Gallipoli scheint die beste Stelle für eine Offensive zu sein. Die Dardanellen strömen wie ein enger Fluß zwischen den beiden Landmassen hindurch, münden im Marmarameer und dieses wiederum im Schwarzen Meer. Am Anfang der Meeresstraße liegt Kap Helles, auf der anderen Seite das einstige Troja. Mit Schiffen allein ist die Enge nicht zu nehmen, sie wären ein zu leichtes Ziel für die türkischen Truppen auf der Halbinsel. Halbinsel, Landzunge, hohe Hügel, steiniger Boden. Auf alten Generalstabskarten sehe ich es später: Schluchten, Hügelrücken, freie Flächen. Es wird eine grauenhafte Falle für die Alliierten, und auch 90 000 Türken werden sterben.

Ich besitze ein Buch des australischen Militärhistorikers C. E. W. Bean, das das Martyrium, die Tragödie Tag für Tag beschreibt.[1] Ein schriftliches Zeugnis aus der Hölle. Heldenmut, Mißverständnisse, sinnloses Sterben, mangelnde Kommunikation, Schlamm, Krankheiten. Und dabei hatte der große Kriegsmeister, Churchill, das Ziel so einfach formuliert: »To bombard and take the Gallipoli Peninsula, with Constantinople as its object.« Englische und französische Kriegsschiffe greifen die Dardanellen im März und April an und werden vernichtend zurückgeschlagen. Dann sind die Landstreitkräfte an der Reihe, und auch

31

sie gehen unter. Im Januar 1916 ist es vorbei. Nur die Toten bleiben zurück.

All das ist im War Memorial zu sehen. Die Uhr des Sergeants aus Queensland, die an jenem Morgen um 17 vor fünf stehenblieb, als er aus dem Ruderboot ins Wasser sprang, um an Land zu gehen. Es ist, als habe sich die Zeit selbst in diesen Gegenstand brennen wollen, auf ewig bleibt es darauf gleich spät, und das sieht wie eine Leugnung, eine Weigerung aus. Die schönsten (aber dieses Wort ist hier tabu) Mahnmale sind nicht die, die man später erdacht hat, sondern die, die damals *entstanden* sind: diese Uhr, das von Kugeln durchsiebte Landungsboot. Man starrt dumm auf so ein Ding, es ist herausgelöst aus diesem Augenblick in der Zeit, ist nicht mehr es selbst und ist es doch. Auf einem Modell kann ich auf die Halbinsel schauen, als wäre ich ein Vogel. Es ist gespickt mit den Zeichen und Fähnchen der Strategen. Man sieht, daß sie nur wenige Meilen breit ist, daß das Gefechtsgebiet nicht sehr groß war, man kann sich nicht vorstellen, daß dieses kümmerliche Stück trokkenen Landes es wert war, daß mehr als hunderttausend Menschen dafür starben. Fotos sind auch zu sehen und zwei Puppen, Soldaten mit diesen typisch australischen Hüten, in Khaki, das Erinnerungen an einen anderen Krieg weckt, mit Gamaschen, Knobelbechern, sie haben ihre Bajonette auf etwas Unsichtbares gerichtet, aber man weiß, daß bei diesen Gefechten mit Bajonett und Messer gekämpft wurde, Mann gegen Mann, ein hündisches Ende. Ganze Schlacht-ordnungen sind in die Maschinengewehrgarben ge-laufen, und sie wußten es, auch die Offiziere, die den Befehl erteilten und selbst zu Hunderten umkamen. Von dieser Schlacht gibt es auch ein Diorama, vom Angriff auf *Lone Pine*. Einsame Pinie, Krieg ist im-mer gut für eine gewollte oder nicht gewollte bizar-re Poesie. Das Land, das dort lag, die Geländeein-schnitte, Hügelrücken, Hänge, Vorsprünge, Tiefen, das alles hatte eigene, türkische Namen, die es von der Geschichte, von Bauern und Fischern erhalten hatte. Aber auch Kriege geben Namen, zynische, ro-mantische, als ließe sich das Grauen durch Seman-tik bezwingen. Die Türken hatten sich bei der Ein-samen Pinie eingegraben, sie hatten ihre Laufgräben mit Baumstämmen, Schlamm und Erde getarnt. In der Ferne das Meer, blau, ein Schlachtschiff, überall Feuer, Verhängnis, und im Vordergrund der Kampf schlammiger Männer, die Australier mit weißen, auf die Uniformen genähten Stofflappen, damit sie sich gegenseitig noch erkennen konnten, wenn alles von Staub oder Schlamm unkenntlich geworden war. Hier ist ein Kienholz[2] am Werk gewesen, ich stehe wie an-gefroren davor. Wie auf der Armbanduhr steht alles still, der fallende Mann fällt für allezeit, sein Bajo-nett wird stets auf diesen anderen Kopf zeigen, sie werden dort bis in alle Ewigkeit sterben, erst der eine, dann der andere.

Das Besondere an diesem Museum: Mit all dem Blut und all dem Tod, mit all seinen Flugzeugen, Kanonen, Uniformen, Orden, Bildern von Helden und Schlachten wirkt es auf den ersten Blick wie eine Verherrlichung des Militärhandwerks, doch das ist es nicht, dafür wirkt es zu melancholisch, sind die Zahlen zu vernichtend. Hier ist nicht nur der Erste Weltkrieg gegenwärtig, sondern auch der Zweite, mein Krieg. Was weiß ich von ihm? Ich war knapp sieben, als er ausbrach. Wir wohnten nahe dem Flugplatz Ypenburg. Heinkels, Stukas, das Heulen sich herabstürzender Jagdflugzeuge, das trockene Husten von Abwehrgeschützen, in der Ferne das brennende Rotterdam. Ein Auto mit deutschen Offizieren hatte sich zu weit entlang dem Vliet-Kanal vorgewagt, in der Annahme, dieser Teil sei bereits erobert. Dieses Auto wurde beschossen und landete im Wasser. Später war ich dabei, als die Leichen geborgen wurden. Das vergißt man nicht, das Wasser, das aus diesen so merkwürdig langen Ledermänteln troff, ihre unbestimmte grüngräuliche Farbe. Noch später, als wir während des Hungerwinters bereits aus Den Haag evakuiert waren, wurde mein Vater, der zurückgeblieben war, bei einem Luftangriff auf Bezuidenhout von Bombensplittern getroffen. Er starb neun Tage später an Wundstarrkrampf. Es gab kein Serum. Ein schrecklicher Tod, seine Schwester hat mir, viel später, seine toten Füße beschrieben, verkrümmt, verkrampft. In Gelderland sah ich einen toten Piloten mit heraushängenden Därmen an einem Fallschirm in den Bäumen hängen. Und schließlich sah ich, wie die Deutschen abzogen, auf der Flucht vor den Kanadiern und Engländern. Fünf Jahre zuvor hatte ich sie einmarschieren sehen, eine mächtige Armee, Fahnen und Musik, dichte Reihen, Stiefel, die ein schreckliches scharrendes Geräusch machten, Eisen auf Stein. So sahen sie nicht mehr aus, als sie gingen. Sie waren besiegt, das konnte man sehen.

Jeder, der damals gelebt hat, wird seine eigene Erinnerung an die Befreiung haben, für mich ist diese Zeit mit dem Geruch von Autos, Leder, Benzin, mit der Farbe jener anderen Uniformen verbunden. Am stärksten jedoch mit dem Geruch von Benzin, der die Jeeps und Panzer umgab. Befreier nannten wir die Männer in diesen Jeeps, Kanadier, und unter ihnen gab es einen, bei dem ich vorn auf dem mächtigen Motorrad sitzen durfte, auf dem Benzintank. Jetzt, hier, in Canberra, rieche ich es wieder. Das kommt durch die ausgestellten Gegenstände, die Farbe der Uniformen. Koppelriemen, Feldflaschen, und obwohl es nichts zu riechen gibt, rieche ich es doch, rieche sogar, was man nicht riechen kann, das Geräusch der Lancaster-Bomber, die hoch über den Wolken flogen, auf dem Weg, Deutschland zu bombardieren. Ich rieche meine eigene Angst und die vergangene Zeit, rieche, daß ich das nie mehr werde loswerden können, und ich weiß nicht, welcher Gedanke zu diesem Geruch gehört.

Es hat bereits draußen begonnen, in der lichten, weiten Atmosphäre von Canberra. Diese Stadt soll die Hauptstadt des neuen Australien sein, aber man hat sie so weit gestreut angelegt, daß man von einer Stadt kaum sprechen kann. Das neue Parlamentsgebäude steht modern und beeindruckend im Grün gegenüber der düsteren, älteren Form des Memorials, eines Mausoleums. Jedes Jahr wird hier, am ANZAC[3] Day, dem Tag von Gallipoli, die große Veteranenparade abgehalten, die Männer, die es überlebt haben, gedenken ihrer selbst und der anderen, die nicht zurückgekehrt sind. Was soll ich vom Krieg halten, von diesem Krieg? Die Sprache der Dioramen ist deutlich genug, sie stellt Greuel dar, doch draußen, vor dem Memorial, stehen die alten, unbrauchbar gewordenen Kriegsmaschinen, schwarz gestrichener Stahl, der im Sonnenlicht glänzt. Es sind Kunstgegenstände geworden, ohne je dazu gedacht gewesen zu sein, mit ihrer Form verleihen sie der Ästhetik von Tod und Gewalt Ausdruck. Die Panzer sind Dinosaurier, sie bilden eine ausgestorbene Tierwelt nach. Verwesen können sie nicht, ihr Stahl ist noch so hart wie damals, Kinder fahren mit den Händen darüber. Ich tue es auch, kann es nicht lassen. Die monströse Kanone, die Amiens während des Ersten Weltkriegs beschoß, *Centurion Tank no. 169080*, auf eine Mine gefahren in Phoc Tuy, Vietnam, die deutsche 210-mm-Haubitze, erbeutet vom 45. Bataillon am 8. August 1918 *(Germany's Bleak Day)*.

Das Parlament liegt weit von hier auf einem anderen Hügel. Die beiden Gebäude scheinen sich gegenseitig im Gleichgewicht zu halten. Jedes für sich drückt etwas von dem aus, was dieses Land ist. Aber was genau ist es? Als es 1914 beschloß, in den Ersten Weltkrieg mit einzutreten, war es noch keine hundertfünfzig Jahre alt. Es wußte, daß eine Zerstörung der englischen Flotte seine eigene Lebenslinie gefährden würde, doch das allein erklärt noch nicht die wilde Begeisterung, mit der die rund 330 000 Mann in diesen fernen Krieg am anderen Ende der Welt zogen, fast 7 % der Bevölkerung, und das alles per Schiff! Relativ gesehen sollten die Australier auch die meisten Opfer zu beklagen haben: 64,8 % der Feldtruppen starben oder wurden verwundet. In England waren es 49,7 %. Im Zweiten Weltkrieg gab es einen offensichtlicheren Grund, sich zu beteiligen. Der Feind war bereits sehr nahe gerückt, angesichts der japanischen Besetzung Neuguineas wurde Australien überdeutlich vor Augen geführt, was es auch heute noch ist: ein leerer Kontinent mit hauptsächlich weißer Bevölkerung, südlich eines riesigen, überbevölkerten Asien gelegen.

Als ich durch das große Tor trete, lese ich die Worte: *They gave their lives.* Dem ist nichts hinzuzufügen. Ich sehe die Flamme über dem Wasser, das vulgäre Geld im Wasser, doch während diese wenigen Worte noch nachklingen, sehe ich plötzlich auch, mit dem Auge

der Erinnerung, das Foto von kurz nach dem Kriegs-
ende, das auf den Jungen, der ich damals war, einen
derart niederschmetternden Eindruck machte: Der
australische Pilot, der mit verbundenen Augen, in
kurzer Hose, auf einem Baumstumpf sitzt. Neben
ihm steht ein Japaner, beide Hände am Griff seines
Schwerts, das er hoch in die Luft erhoben hat, wo es
blitzend das Licht widerspiegelt. Der Japaner trägt
Stiefel, eine schwarze Reithose, ein weißes Oberhemd.
Den Bruchteil einer Sekunde später wird das Schwert
herabsausen und den Kopf des sitzenden Mannes ab-
schlagen. Den Abscheu von damals spüre ich immer
noch. Jetzt gehe ich an den Namen der Toten entlang,
sein Name, den ich nie gekannt habe, muß darunter
sein.

Bullecourt. 11. April 1917. Zwei Tage nachdem die
Engländer die Schlacht um Arras begonnen haben,
greifen die Männer der australischen Vierten Brigade
die Reste der Hindenburg-Linie beim Dorf Bullecourt an. Die Panzer, die die Stacheldrahtsperren
hätten brechen sollen, waren nicht gekommen. Die
ganze Nacht hindurch hatten die Soldaten im eiskalten Schnee gelegen. Erst am Morgen sind sie während eines bitteren Schneesturms abgezogen worden. Abends ein neuer Angriff. Jetzt sind die Panzer
da, aber es gelingt nur einem einzigen, bis zu den Stacheldrahtsperren vorzustoßen. Was dann folgt, ist auf
dem Diorama zu sehen. Das 16. Bataillon – Männer

aus Westaustralien – kämpft sich unter der Führung des berühmten Majors Percy Black bis zu den ersten deutschen Schützengräben vor. Doch die Bataillone der Zwölften Brigade, die Unterstützung hätten leisten sollen, warten noch immer auf ihre Panzer. Dadurch bleibt die linke Flanke der Angreifer verletzlich offen. Schließlich stößt ein einsamer Panzer vor, feuert irrtümlich auf die wartenden Australier, verfängt sich in den deutschen Sperren. Die Brigade muß jetzt ohne den geringsten Schutz vorrücken und erleidet schwere Verluste.

Krieg muß zu einem großen Teil aus Mißverständnissen bestehen, und zwar solchen, die sich nie mehr aus der Welt schaffen lassen. Ohne Artillerieunterstützung haben die Männer die Doppelreihe der Schützengräben an der Hindenburg-Linie erobert. Weil aber die Artillerie *denkt*, englische Panzer würden den Australiern den Weg freimachen, wird nicht geschossen, und das gibt den Deutschen die Gelegenheit, einen Kordon aus Artillerie und Maschinengewehren hinter den Australiern in Stellung zu bringen, so daß diese von Nachschub und Verstärkung abgeschnitten sind. Es folgt ein sechsstündiges verzweifeltes Gefecht Mann gegen Mann, bis den Australiern die Munition ausgeht und sie sich durch die Sperren und das Feuer hindurch zurückziehen müssen. Die Verluste der Division sind hoch, 857 Tote, darunter Major Black, 1 275 Gefangene, rund 1 000

Verwundete. Das Grauenvolle an dem eingefrorenen Theater vor mir ist die Stille. Nichts läßt es vernehmen, nicht das leiseste Fluchen, nicht den letzten Schrei, nicht das Geräusch von Füßen im gefrorenen Schnee, nicht die Explosionen, nicht das Geräusch der Bajonette beim Durchdringen von Stoff und Fleisch, nicht einmal die Stille der eisigen Nacht, die unter all diesen Geräuschen ein eigenes Geräusch dargestellt haben muß.

Auf meinem Rundgang stolpere ich fast über einen Mann, der im Schlamm hockt. Er ist so entsetzlich echt, daß ich zurückfahre. Alles ist schlammverschmiert, die Schuhe, die Gamaschen. Er hält sich die Augen zu, will die Welt nicht mehr sehen. Der Helm, so gerade auf diesem Kopf, ist mit einemmal ein komischer Gegenstand geworden, eine unbekannte Art Krone. Ein Kind, das neben mir steht, streckt die Hand nach ihm aus, und es stimmt, man möchte ihn berühren, trösten. Doch man bleibt stehen, wo man steht. Nicht weil es eine Figur ist, sondern weil der Mann nicht mehr zu trösten ist. Sein Damals ist ein Heute. Aber es ist wie bei der Uhr des Sergeants aus Queensland, etwas, das gleichzeitig Dauer und Stillstand ausdrückt, das vorbei ist und immer noch andauert. Der Mann, der vorstürmt, schreit, in den Tod rennt, einen letzten, für immer verborgenen Gedanken denkt, wird niedergeschossen; das kann nie mehr ungeschehen gemacht wer-

den, selbst wenn es, irgendwann, von jedem vergessen ist. Memorial, Ort der Erinnerung. Je länger es
diesen Ort gibt, um so abstrakter werden die Kriege,
deren man hier gedenkt, um so eigenartiger, losgelöst
von der Bedeutung, die sie für ihre Zeitgenossen besaßen. Was ist dann noch zu sehen? Ein Mann im
Schlamm, und dessen Schicksal hinzugefügt zum Tod
der anderen, so daß auch sie im Schlamm hocken,
die Hände vor den Augen, weil sie die Welt nicht
mehr sehen wollen.

Im Memorial sind viele Kinder. Ich sehe, daß die
Mädchen anders schauen als die Jungen. Nicht nur,
daß sie sich eher die Krankenschwestern ansehen,
die Soldatinnen, die Haartracht von damals, die wieder die Haartracht von heute geworden ist. Nein,
sie schauen auch anders auf die erstarrten Gefechte,
die Gewehre, die Flugzeuge, die Kugeln, die Messer.
Ich kann diesen Blick nicht benennen, doch er hat
etwas mit uralten Vorbehalten zu tun. In ihm spie-
geln sich nicht das Abenteuer, der Glanz der sich her-
abstürzenden Spitfires an einem Untergangshimmel,
die pathetische Geste des versinkenden Schiffs, die
züngelnden roten Flammen in dem in Brand geschos-
senen Dorf, sondern der Gedanke, der hinter alledem
liegt und mit Zerstörung zu tun hat. Sie schauen anders, sie gehen leiser. Sie müssen auch nicht lachen,
als auf einem Film von '14-'18 die Soldaten so merkwürdig zittrig und schnell laufen, die Panzer sich so

albern keck bewegen wie in einem Computerspiel. Es ist, als hätten die Mädchen ein anderes Zeitmaß und könnten daher diese beschleunigte Bewegung, die lediglich etwas mit mangelnder Technik zu tun hat, verlangsamen, so daß dort auf einmal echte, lebendige Männer durch den Schlamm laufen, Männer, die schon längst tot sind, dort aber immer noch laufen, viel langsamer, als ihr Auge es sieht. Damit wird man zum Voyeur, zu jemandem, der etwas sieht, selbst aber nicht gesehen werden kann. Man selbst kennt die anderen, die sich dort so schnell bewegen, *sie* kennen einen nicht. Und man hat auf geheimnisvolle, unangenehme Weise die Oberhand. Man weiß, was sie nicht wissen, kennt den Ausgang, ihr Schicksal. Man kann sich sogar erlauben, am Sinn ihres Todes zu zweifeln, eine postume Einmischung, die unzulässig ist. So ist denn genau an dem Ort, an dem die Vergangenheit gezeigt wird, ebendiese Vergangenheit unzugänglich – das Paradox dieses Ortes der Erinnerung.

Kienholz, der Name fiel bereits. Auch in seine Interieurs kann man hineinschauen, ohne dabei gesehen zu werden. Spiegelung der Kunst: Während Kienholz sein Material aus der wahrgenommenen Wirklichkeit bezieht, sehe ich die Wirklichkeit mit dem Blick dieser Wiederholung. Die Schlacht von Menin, September 1917. *A Brigade Headquarters*, ein Foto. Es scheint mir unter der Erde zu liegen, und wie bei

Kienholz bekommen die gezeigten Gegenstände eine magische, autonome Bedeutung. Drei brennende Kerzen. Helme an der aus rohen Balken bestehenden Dekke. Eine Flasche Mineralwasser. Nasse Kleider. Eine Schachtel Streichhölzer. Sie liegt schräg auf dem Tisch, plötzlich so aufgeladen mit Bedeutung, daß es scheint, sie wolle tausend Streichholzschachteln zugleich sein. Das kommt von der Umschlossenheit des Raums, doch das brauche ich nicht zu sagen. Drei Männer; einer versucht, Hörer am Ohr, eine Verbindung herzustellen. Eine Generalstabskarte. Ein Becher. Eine Feldflasche. Eine Tabaksdose. Nicht einer der Männer schaut auf, um uns zu sehen, wir sind die verbotenen Wesen aus der Zeit nach ihrem Tod, ungeborenes Nichts, postume Museumsbesucher. Nicht-Existenz, die gegenseitige Verlockung der Fotografie: Während wir existieren, existieren sie nicht, und während sie existieren, existieren wir nicht. Doch es ist ein mangelhaftes »gegenseitig«: Sie werden nie ein Foto von uns betrachten. Sie können auf uns verzichten, wir sind nur der Erinnerung wegen hier. Sie hatten etwas anderes zu tun, die Schlacht bei Menin beispielsweise.

Am Ende meines Rundgangs sehe ich George. Er ist ein Lancaster. Ich habe ihn nie zuvor gesehen, doch sein Geräusch werde ich bis zum Ende meines Lebens unter tausenden Geräuschen erkennen. »Werde« ist nicht das richtige Wort, denn George wird nie mehr fliegen. Zusammen mit seinen Artgenossen flog er, unsichtbar hoch, auf dem Weg nach Deutschland über uns hinweg. Ich habe schon oft versucht, dieses Geräusch zu beschreiben, ich glaube nicht, daß es möglich ist. Ein Monsterflug von *ein*tönigen metallenen Hummeln, die unentwegt gestrichenen tiefen Töne von hundert Bässen, damit hat es Ähnlichkeit, doch das ist es nicht, weil nichts die Bedrohung und das Versprechen wiedergeben kann, die dieses Geräusch beinhaltete. Das waren »die Engländer«, auf dem Weg, um Deutschland zu bombardieren. Jetzt war der Krieg vielleicht bald vorbei. Sie würden die Deutschen bestrafen, deutsche Städte plattmachen. Sehen konnte man sie nicht, nur hören. Erst von fern, dann über einem, ein geheimnisvolles Vibrieren, das alles zu erfassen schien, dann wieder entfernter, unangreifbar für das Bellen der Abwehrgeschütze. Auch George muß ich gehört haben, mehr als neunzig Einsätze hat er über dem besetzten Europa geflogen. 1942 wurde er an die Royal Australian Airforce geliefert. Dreißigmal wurde er getroffen, auf seine Flanke sind gelbe, abwärts gerichtete Bomben gemalt, eine für jeden Einsatz. 1944 hatte er ausgedient, da durfte er zurück nach Australien. G for George, in der plötzlich kleinen Halle ist er riesengroß, ein unbegreiflicher toter Vogel, der noch immer drohend über einem hängt, ein schwerer Schatten. Ich versuche mir vorzustellen, daß er jetzt für alle Zeiten hier stehen und allmählich immer seltsamer werden wird, bis niemand mehr glaubt, daß er je geflogen ist.

Als ich hinaus in die strahlende Sonne komme, stoße ich beinahe gegen die Skulptur des Mannes mit dem Esel. Es ist ein kleiner Esel, sein Kopf ist gesenkt, er geht einen Abhang hinunter. Auf seinem Rücken ein Verwundeter, die langen Beine berühren fast die Erde. Der andere Mann geht neben dem Esel, hält ihn an einem Strick fest, braucht ihn jedoch nicht zu führen, der Esel kennt den Weg von allein. Simpson heißt der Mann, doch man nannte ihn »den Mann mit dem Esel«. Drei Wochen lang holte er in Gallipoli die Verwundeten aus der Schußlinie und brachte sie auf seinem Esel durch das Kreuzfeuer zum Strand, zu den Schiffen. Am Ende der dritten Woche wurde er beim türkischen Angriff am 19. Mai von einem Heckenschützen getroffen. Jetzt ist er aus Bronze, der Simpson, und geht noch immer einen nicht enden wollenden Hügel hinunter. Die Nase des Esels glänzt, weil jeder sie kurz berühren will, sag ruhig: streicheln. Vielleicht würden sie auch den Mann gern berühren, ihn, und sei es nur kurz, anstupsen, »Hallo, Simpson« – aber das geht nicht.

Dezember 1989

1 Charles E. W. Bean, *ANZAC to Amiens*; der Klassiker der Militärgeschichte erschien zuerst 1946.
2 Edward Kienholz (1927–1994): amerikanischer Objektkünstler, setzt in seinen von »realen« Gegenständen und lebensechten Men-

schen bevölkerten Environments, z. B. dem *Moveable War Memorial* (1968), die spanisch-mexikanische Tradition eines Objektrealismus fort.

3 ANZAC: Australian New Zealand Army Corps.

Ein Stein in der Wüste

Die Größe mancher Reisenden besteht darin, daß es ihnen gelingt, einem Ort ihren Namen anzuheften. Diesen Ort kann man dann nie mehr aufsuchen, ohne an sie zu denken, und man kann nicht mehr an sie denken, ohne sich an den Namen dieses Ortes zu erinnern. Ich wäre auch nach Alice Springs gefahren, wenn ich *Traumpfade* von Bruce Chatwin nicht gelesen hätte, schon weil der Name dieses Ortes unwiderstehlich aus der leeren, provozierenden Mitte Australiens ruft. Doch nun, da ich dort bin, denke ich an Chatwin. Ein Punkt mitten in einer Wüste, mehr ist Alice Springs nicht auf der Karte, vor dreißig Jahren lebten hier erst wenige Hundert Menschen. Es gab eine Quelle, und die Frau eines der ersten Pioniere, im vorigen Jahrhundert, hieß Alice, so einfach erklärt sich der Name, aber ich kann mir nicht helfen, ich übersetze ihn doch immer mit »Alice springt«, und dann muß ich an Alice im Wunderland denken.

Der Flug von Canberra aus dauert nur wenige Stunden. Die unter einem liegende Landschaft schreibt das Gesetz der kommenden Tage: Hitze, Dürre, Leere. Ich sehe den Strich einer Straße, es bewegt sich nichts auf ihr. Häuser sehe ich nicht. Flachland, Berge, Flachland, Rot, Ocker, Braun, Grau. Unerbittlich, so sieht es aus. Als wir landen, ist das einzige andere Flugzeug auf dem Rollfeld ein in düsterstes Grau getauchtes Monster ohne Kennzeichen, von geheimnisvoller Form, mit merkwürdig herabhängenden Flügeln. Auch andere schauen dorthin, als drücke es Gefahr aus. Es hat mit dem Krieg zu tun und möchte nicht erkannt werden; weil es kaum Fenster hat, wirkt es fast wie ein Tier. Totenstill steht es auf dem brennenden Rollfeld, als sei es dort zu Hause, eine dort beheimatete Tierart.

In der Ferne sehe ich eine Bergkette, die MacDonnell Ranges. Taxis gibt es nicht, ein kleiner Bus lädt jeden an seinem Bestimmungsort ab. Meiner ist ein kleines Motel, das ich auf gut Glück ausgesucht habe. Es liegt nicht gerade im Zentrum oder dem, was man als solches noch bezeichnen könnte; wie in Amerika sind die Stadtpläne trügerisch: ein Netz schwarzer Linien, über eine weiße Fläche gespannt. Als Europäer möchte man das Stadt nennen und meint, innerhalb dieses Netzes dazuzugehören. Aber ich habe noch kein Auto, und um zu Fuß zu gehen, sind die Entfernungen zu groß. Der Abend ist mit der dreisten Geschwindigkeit hereingebrochen, die zu subtropischen Regionen gehört, ein Grau folgt dem anderen, Neonlichter gehen auf dem großen Sportplatz gegenüber meinem Zimmer an, ich sehe die durcheinanderwuselnden Spieler auf dem elektrischen Grün, kann aber wegen der Entfernung keine Gesichter erkennen und keine Geräusche hören. Unten, im öffentlichen Raum, einem Mittelding zwischen Schankraum und Speisesaal, bin ich im Moment der einzige Gast. Der Besitzer ist jung, agil, *tough*. Nein, er würde nirgendwo sonst wohnen wollen. Vor sechs Jahren sei er aus der Stadt hierhergekommen, hier sei das Leben noch eine Herausforderung.

An allen Wänden hängen Schwarzweißbilder reichlich merkwürdiger Köpfe, von Aborigines und Weißen, Männern und Frauen. Als ich frage, um wen es sich handle, geht er die Reihe entlang; hiesige Legenden, einige bereits tot. Trinker, Jäger, Spurensucher, Piloten, Leute, die bereits hier waren, als, wie er sagt, hier noch niemand war, Pioniere des Outback. »Der Abo da war Maler, angeblich haben New Yorker Galerien eine Menge für seine Bilder gezahlt, ich glaube nicht, daß er viel davon gesehen hat. Aber er war ein glücklicher Mensch, ein Weiser.« Ich frage ihn, wo das Zentrum liege, aber er meint, ich solle nicht mehr hinausgehen. Es sei zu weit, und es sei gefährlich bei Dunkelheit. »Wenn die Aborigines betrunken sind, weiß man nie, was passiert. Die, die hier herumlungern, sind von ihren eigenen Leuten verstoßen worden, du wirst das morgen selbst sehen. Immer betrunken. Sag nicht, ich hätte dich nicht gewarnt«, meint er, als ich das Motel trotzdem verlasse.

Eigensinnig, grundsätzlich nicht auf Leute hören, die es gut mit einem meinen. Und dann in die falsche

Richtung gehen, vom Zentrum weg. Aber das weiß ich noch nicht. Ich begegne keiner lebenden Seele. Die Namen der Seitenstraßen kann ich in der Dunkelheit auf meiner Karte kaum lesen, bemühe mich auch nicht groß, begnüge mich mit den Gerüchen des Abends, dem Geraschel der Bäume, den Geräuschen von Tieren, die ich nicht sehen kann. Der Bürgersteig verwandelt sich in Sand, ich meine sich langsam bewegende Gestalten zu sehen, Stimmen zu hören, ein merkwürdiges Gemurmel. Doch noch bevor ich sie sehe, rieche ich sie, ein eigenartiger, süßlicher Geruch wie von abgestandenem Bier. Sie sind zu dritt. Später bin ich mir nicht mehr sicher, ob einer der drei gesagt hat, ich befände mich auf dem falschen Weg, oder ob ich das nur gedacht habe, jedenfalls erinnere ich mich an das Bild, ihr Dunkel, das Rot in ihren Augen unter dem gelblichen Schein einer Straßenlaterne, das Schwarz, das sie ausstrahlten, die dünnen Beine, die Füße, die nie Schuhe getragen haben, die gegerbten Hände mit Fingernägeln wie aus Stein. Kleider, die wie Lumpen um ihre mageren Formen hingen, verfilztes Haar. Was habe ich in diesem Moment gedacht? Mein erster Gedanke, daran erinnere ich mich noch, war: alt. Dies ist so alt, daran komme ich nicht heran. Als wären sie aus der Steinzeit hierher gekommen, bis zu diesem Moment, diesem Ort, zu meiner unwichtigen, zufälligen Erscheinung, der eines Menschen, der gleich wieder verschwindet. Dabei waren sie die Erscheinung, behaftet mit der Geschichte eines ganzen Kontinents, den vierzigtausend Jahren, die sie hier allein waren, plus den zweihundert unserer Anwesenheit, die die ihrige fast ausgelöscht hat.

Ich drehte mich um. Einer hatte vielleicht die Hand ausgestreckt, doch keiner hatte etwas gesagt. Die Situation war nicht gefährlich, ich hatte keine Angst. Die Angst, die trotzdem da war, hing mit etwas anderem zusammen, dem Loch in der Zeit, der Unüberwindbarkeit von etwas, das ich nicht einmal mir selbst erklären konnte. Ich hatte schon vorher Aborigines gesehen, in den Großstädten, verloren, *out of place*, geheimnisvoll. Über ihre Vergangenheit hatte ich gelesen, hatte ihre Kunst in Museen gesehen, Filme von ihren Felsmalereien, hatte ihre großartige, mündlich überlieferte Lyrik kennengelernt, ihre Mythen aus der Traumzeit, hatte Bilder betrachtet, auf denen diese Mythen dargestellt waren, hatte ihre Musik gehört. Und ich kannte ihre jüngste Vergangenheit, die Schmach, den wiederauflebenden Stolz, die *misfits*, die *outcasts*, die Anpassung einiger, den Rückzug wieder anderer in ihre eigenen, geweihten, unzugänglichen Gebiete. Das wußte ich alles, und ich wußte nichts, denn wann immer ich sie sah, in der Stadt, hatte ich allein den Eindruck einer mißglückten Synchronizität: Sie waren zwar gleichzeitig mit mir da, doch etwas war auf verhängnisvolle Weise schiefgegangen, stimmte nicht mehr. Dies war ihr Land, und sie waren darin verloren, oder sie hatten verloren, daran würde keine fortschrittliche Gesetzgebung etwas Grundlegendes ändern können. Der Eingriff war bereits erfolgt. Der Körper ihrer Gemeinschaft, dieser äußerst komplizierte Mechanismus, von dem bis vor kurzem nur sehr wenige Weiße etwas verstanden hatten, dieses Netzwerk aus Clanbeziehungen, Tabus, Gesetzen, die ganze, dem Westen so fremde Kosmogonie einer Gemeinschaft, die über Abertausende von Jahren sich selbst in einer ewigen Wiederholung unentwegt neu hervorgebracht hatte, indem sie vom Land lebte, vom Fast-Nichts, das diese Wüste bereit war herzugeben, dieser Körper war plötzlich und unwiderruflich einer anderen, anderswoher gekommenen Luft oder Zeit oder Welt ausgesetzt und dadurch verletzt, verseucht worden, um ein Haar vernichtet. Das Verhängnisvolle dieser Verletzung ist es, das den Schauer hervorruft. Es ist nobler, dies angesichts einer Zeremonie zu denken, bei der man sich wie in einer Zeitkapsel vorkommt, als beim Anblick dreier totenstiller betrunkener Männer. Doch es geht um das gleiche, das unlösbare Mißverständnis der Geschichte, Hernán Cortés und Moctezuma, die Niederlage bei Wounded Knee, das Leben des einen, das den Tod des anderen bedeutet, das Unabwendbare. Niemand macht das wieder gut, es ist bereits geschehen. Der Rest ist Kosmetik, die Lösung eines Problems, das nicht gelöst werden kann, Nachsorge.

Am nächsten Morgen mache ich mich auf, ein Auto zu mieten. Könnte man die Luft um sich herum als Klang empfinden, würde ich jetzt ein klares, metallisches Klingeln hören. Alles steht straff, auf dem Rasen rund um das Motel liegt wahrhaftig etwas Tau. Jetzt im Tageslicht sehe ich auch, was ich in der Nacht falsch gemacht habe: Ich bin aus der Stadt herausgegangen, auf den Highway zu, auf dem jetzt das Rasen der großen *roadtrains* zu vernehmen ist. Bei der Autovermietung werde ich gefragt, wohin ich wolle, und ich sage das übliche: Ayer's Rock, Olga Mountains. Dann brauchen Sie einen Allradwagen, sagt die Vermieterin, die aussieht wie die Tochter eines Cowboys. Ich gewöhne mich langsam an die Australier, ihre wohltuende Lockerheit, Ungezwungenheit. Während der Wagen, eine Kreuzung zwischen Jeep und Landrover, fertiggemacht wird, trinke ich beim Italiener gegenüber einen Espresso. An der Wand ein aufgezogenes Foto in falschen Farben vom Palazzo Ducale in Venedig. Da bin ich auch schon herumgelaufen, denke ich automatisch, während ich auf die rotverstaubten Stiefel einiger frühstückender Gäste blicke. Sie sehen aus, als hätten sie eine Woche im Busch verbracht, ihre großen Hüte haben sie auf den Nachbartisch geworfen. Sie ziehen den Italiener auf, der gut mit ihrem Spott umgehen kann. Weil ich nichts zu tun habe, denke ich über die Erinnerungen nach, die mich mit dem Foto an der Wand verbinden, versuche mir diese Männer am Nachbartisch in

Venedig vorzustellen. Da mir das nicht gelingt, lese ich in *The Australian* einen Bericht von einem Ältestenrat der Aborigines, der einen der ihren zum Tode verurteilt hat, weil er den Australiern im Umgang mit dem Sacred Land zu weitgehende Zugeständnisse gemacht hatte: Er soll totgesungen werden. Davon stirbt man wohl nicht wirklich, für einen Aborigine aber heißt das, für das eigene Volk gestorben zu sein, was, wenn ich den Artikel richtig verstanden habe, gleichbedeutend ist mit wirklich tot sein.

Jemanden totsingen, die Poesie dieses Konzepts beschäftigt mich. Ich stelle mir eine Gesellschaft alter Männer vor, die einen langen Bannfluch singen, einen düsteren, murmelnden Singsang, grauenvoll anzuhören, eine Exkommunikation, bei der jemand in die Wüste geschickt wird; niemand kann dem Exkommunizierten helfen, niemand darf ihn je wieder berühren, er muß sterben. Auf dem Foto sehe ich den Ältestenrat, wie er am Boden hockt, alt, schwarz, ein Kreis. Von denen möchte ich nicht totgesungen werden. Ein Schauer überkommt mich, schon wieder, und gleichzeitig Heimweh nach einer Welt, in der ein Lied noch eine solche Kraft hat, in der wichtige Angelegenheiten noch mit einem Lied geklärt werden.

»In Alice Springs, einem Netz verbrannter Wege, wo Männer in langen weißen Socken unaufhörlich in Landcruiser einstiegen oder aus Landcruisern ausstiegen (. . .)«, so hat Bruce Chatwin die Stadt beschrieben, und wenngleich es dort auch noch anderes zu sehen gibt – das Bild sitzt. Viele von diesen Männern, viele von diesen Socken.

Und Hüte, nicht die steifen texanischen, sondern die australische Variante, lockerer, der menschlichen Schädelform besser angepaßt, eine schöne, abenteuerliche Kopfbedeckung. Ich studiere meine Karte. Rechts vom Zentrum verläuft der Todd River, der jetzt ausgetrocknet ist. Der Central Business District, nicht viel größer als acht Straßen, schmiegt sich an diesen Fluß.

Durch all das scheint die Landschaft hindurch, man vergißt keine Sekunde, daß man sich in der leeren Mitte eines Kontinents befindet. Die Häuser, die Straßen, alles wirkt wie neu. An Mauern sehe ich Bilder von Kamelen, Doppeldeckern, alten Autos, Erinnerungen an die noch nicht lange zurückliegende Eroberung des Landes. Ich habe die grauenhaften Berichte von den ersten Süd-Nord-Expeditionen gelesen, den Versuchen von Stuart, den Kontinent zu durchqueren, vom tragischen Tod von Burke und Wills,[1] von der Phantasievorstellung von einem großen Binnenmeer und der, wonach Australien aus zwei Inseln besteht, sowie jener anderen, wonach Tasmanien mit Australien verbunden ist. Aber erst später, als ich einen langen Fußmarsch in der Nähe der Ormiston Gorge mache, den Kopf in ein Tuch eingewickelt zum Schutz vor den unentwegt attackierenden, bösartigen kleinen Fliegen, gewinne ich eine Vorstellung davon, wie es gewesen sein muß.

Und die ganze Zeit läßt mich der Gedanke nicht los, daß die Aborigines während der vierzig- oder fünfzigtausend Jahre, die sie hier schon leben, ihr geheimnisvolles Netz von Wegen angelegt haben, die *Songlines* oder Traumpfade, denen Chatwins Buch seinen Titel verdankt. Die Aborigines selbst bezeichnen sie als die Fußspuren ihrer Vorfahren, »den Weg des Gesetzes«. Wohin die Neuankömmlinge auch kamen, sie gingen immer über das unsichtbar Gebahnte, über gesungene Geschichte und gesungene Entdeckung, denn nach den Schöpfungsmythen der Aborigines hatten die Sagenwesen, die Totemwesen der Traumzeit, die zu Fuß über das riesige Land zogen, allem, was sie sahen, singend einen Namen gegeben. So hatte jede Quelle, jeder Fluß, jeder Baum, jeder Vogel auf dem Baum, jeder Fisch im Fluß, jeder Felsen im Land seinen Namen und damit seine Existenz erhalten.

Olive Pink Flora Reserve. Das parkartige Grün, mit dem es auf der Karte bezeichnet ist, liegt auf der anderen Flußseite, doch als ich dort ankomme, ist es nicht grün, sondern von einem gegerbten, ausgelaugten Rot und Braun, wie aller Boden hier. Das Foto von Olive Pink erkenne ich wieder, es hängt auch in meinem Hotel. Eine sehr alte Dame, die aussieht wie hundert. Sie hat einen sanften Namen, gleicht jedoch dem, was sie ihr Leben lang gehegt und gepflegt hat: Wüstenpflanzen. Ich bin der einzige Besucher, und in der nun folgenden Stunde versucht mein dürftig ausgestattetes botanisches Hirn die Lektionen der Wüste aufzunehmen.

Streß, so lerne ich, wird in der Biologie definiert als »jeder Faktor, der das normale Funktionieren eines Organismus stört«. Es gibt viel Streß in der Wüste, und die Pflanzen reagieren darauf mit Erdulden und Vermeiden, je nachdem. »Vermeider« sind die Einjährigen, die ephemeren Pflanzen mit ihren unterirdischen Knospen und schlummernden Samen. »Erdulder« haben auf die eine oder andere Weise gelernt, mit unregelmäßiger Wasserzufuhr, vernichtender Strahlung, natürlichen oder gelegten Bränden, einem außerordentlich nährstoffarmen Boden, starker Versalzung, dem Grasen einheimischer oder importierter Herbivoren fertigzuwerden. Ich finde sie tapfer, die Pflanzen. Das klingt genauso stumpfsinnig, wie ich es sage, aber ich habe die Hitze miterlebt, den bröseligen Boden gesehen.

Bloodwood, whitewood, ghost gums, ironwood, witchetty bush, bewegliche Formen, die ich bislang Akazie oder Eukalyptus genannt habe, ohne mir Gedanken über die feineren Nuancen ihrer Familienwappen zu machen; *needlebush*, ein Name wie ein Spitzname, *Cassia desolata* mit Böhnchen, grüner als das Blattwerk, *gum coolibah* mit einem Stamm wie nackte Tierhaut, Spinifex, all die Stacheln, Schwerter, Flaggen und Fus-

57

seln, denen ich im Binnenland begegnen werde, jedes mit seiner jetzt noch für mich verborgenen Funktion und Bedeutung. Denn erst später wird mir jemand erzählen, daß der *ghost gum* so heißt, weil er mit seiner weißen Rinde im Halbdunkel wie ein Gespenst aussieht und ein weißes Pulver absondert, das die Aborigines dazu benutzen, ihren Körper bei religiösen Zeremonien zu bemalen, und noch später sehe ich sie mit ihren wirren, gemarterten Formen auf den Bildern von Albert Namatjira wieder.

Tucker ist ein australisches Wort für Nahrung, *bush tucker* die Nahrung, mit der man im *bush bush* oder dem *Outback*, wie man hier sagt, überleben kann.

In einem aus Matrizenabzügen zusammengestellten Buch lese ich die ursprünglichen Namen der Bäume und Sträucher nach, die ich gerade gesehen habe, und etwas über ihre frühere Verwendung bei den Aborigines. Was gerade noch *colony wattle* hieß *(Acacia murrayana)*, war und ist noch immer die mit dem soviel schöneren Namen bedachte *tjuntala*, sie wächst in einem Land von Sandhügeln und niedrigen, harten Sträuchern, *talingka*, *putingka*, und liefert Schoten mit harten, kleinen grünen Samen, die schwarz werden, wenn man sie trocknet, und die eingeweicht, gestampft und als Paste *(latja)* gegessen werden. Was man aus diesem Buch lernen kann, ist, daß nichts ungenutzt bleibt, Früchte, Nüsse, Blätter, Rinde, Wurzeln, Schimmelpilze, alles läßt sich trocknen, einweichen, abschaben, stampfen, rösten, man kann Paste daraus machen und für schwierige Zeiten aufbewahren, man kann Wunden damit heilen, Haare färben, den Körper für die heiligen Augenblicke verzieren, man kann Himmel und Erde damit dienen.

Während ich zwischen den ausgedörrten Sträuchern umherwanderte, habe ich in der Ferne einen Hügel gesehen. Ich frage den Parkwächter, was das ist, und er sagt, erstaunt über soviel Unwissenheit: »Anzac Hill.« Als ich dorthin gefahren bin, sehe ich, wie unscheinbar Alice Springs ist, es ist wirklich fast nichts, so etwas Ähnliches wie die Erde in unserer Galaxis, ein Seufzer. Man sieht, wie die wenigen Straßen zu einem Schachbrettmuster angeordnet sind, wo die von Süden kommenden Bahngleise enden und nicht mehr weitergehen in den tropischen Norden, doch hinter diesem Wenigen wartet das Viele, die Ebene, die Bergrücken, die geraden Striche der verlorenen Straße in der Ferne.

Nördlich von Anzac Hill liegt Telegraph Station, ein historisches Denkmal, fast einhundertzwanzig Jahre alt, und das ist hier sehr alt. Ich gehe durch das niedrige kleine Gebäude, sehe die Fotos von damals, die Kamele, die Gesichter der Pioniere. Die Hälfte der Strecke hatten sie bewältigt, als sie endlich hier ankamen, sie mußten noch weiter bis nach Port Darwin. Von dort sollte die Linie nach Java weiterlaufen und so Anschluß an Europa bekommen, was am 21. Oktober 1872 geschah. [...]

Draußen, innerhalb einer kleinen Einfriedung, fünf Gräber. Das erste trägt keinen Namen, beim zweiten sind die Arme des Kreuzes vermodert, im dritten liegt ein Leutnant, im vierten ein Sohn des *stationmaster*, im fünften der *surveyor*, der nichts mehr surveyt.

Es ist noch früh, ich beschließe, an diesem Tag bis Glen Helen weiterzufahren. Die Straße dorthin heißt Namatjira Drive und führt teilweise durch Aborigines-Land. Man darf durchfahren, die Straße jedoch nicht verlassen, dafür benötigt man eine spezielle Genehmigung, die man bei der Aboriginal Sacred Sites Protection Authority oder beim Department of Aboriginal Affairs in Canberra schriftlich beantragen muß. In regelmäßigen Abständen sieht man Schilder, die einem klarmachen, daß man das Land nicht ohne Genehmigung betreten darf. Es gibt keinen Verkehr, ich bin allein auf der Welt. Rechts und links Hügelrücken. Kirchauff Range, Heavitree Range und in der Ferne, im Norden, die höheren, gezackten Wellen der MacDonnell Ranges. Dies ist eine Art von Landschaft, die mich glücklich macht durch das überwältigende Gefühl von Raum, das sie vermittelt, es gibt keine Bebauung, keine Eingriffe, die einen ablenken. Hier und da grasen ein paar Büffel, in einer Staubwolke kommt aus einem Nebenweg ein Pick-up mit einer Gruppe Aborigines auf der offenen Ladefläche, gelbe Verkehrsschilder rufen von

Zeit zu Zeit *floodway* oder *dip* oder warnen vor Kamelen, die die Straße überqueren, aber ich sehe keine Kamele, und das Wasser in den Flußbetten steht niedrig.

Einmal halte ich an und spaziere ein Stück ins Land hinein, zwischen den hohen, dünnen Halmen des Spinifex. Es ist, als könnte ich sie alle einzeln rauschen hören, doch auch dieses Rauschen ist Teil der allumfassenden Stille. Was ich Stille nenne, ist die Abwesenheit mechanischer Geräusche, und dann ist der Klang der menschlichen Stimme eine Beschwörung dieser Stille, einer Stille, in der eine Schöpfung gesungen werden konnte, in der der Jäger das Tier erraten konnte und das Tier den Jäger, in der der sich Nähernde sein Kommen allein schon durch das Geräusch seines Gangs angekündigt hat.

Helen's Glen. Ein Gebäude aus rohem Holz in klösterlicher Einsamkeit. Zwei weitere Gäste sind da, ich gehe hinaus, auf der hohen roten Felswand drüben am anderen Flußufer wogen ein paar Bäume. Die großen Steine im Wasser sind gelb und glatt, das Wasser selbst ist eiskalt. Ich schwimme zu der Felsspalte, weil ich sehen will, was dahinter liegt, aber es ist zu kalt, um lange drinzubleiben. Yapalpa nannten die Aborigines diesen Ort, und weil der Fluß hier nie austrocknete, war es eine Begegnungsstätte für die Stämme der Westlichen und der Zentralen MacDonnell Range.

Nun, näher an der Felsspalte, sehe ich Gesteinstrümmer, eingebettet in groben Sandstein. Breccie, vor 350 Millionen Jahren gebildet, als der weiße Sandstein umgewühlt wurde und sich mit dem braunen Sand vermischte. Als ich aus dem kalten Wasser auf die Felsen klettere, pustet der brennende Wind mich in einer Minute trocken. Ich folge dem Pfad entlang dem Fluß, solange es geht, drehe mich um, sehe, wie unbedeutend die *Form* der Lodge inmitten ihrer Umgebung ist. In meinem Teil der Welt wäre dies in einer anderen Zeit der perfekte Platz für ein Trappistenkloster gewesen – das Wasser, die hohe Felswand, die Einsamkeit, die erzwungene Stille, die Laute der Vögel, Gekicher, Gelächter, als wohltuender Kontrapunkt. Und der Klang der Klosterglocke zu den vorgeschriebenen Stunden, Metten, Laudes, Vespern. Niemand außer den Mönchen würde die Glocke hören. Neben diesen Landschaften ist das, was wir als Natur bezeichnen, eine Travestie der wirklichen Natur, der in sich selbst ruhenden, unberührten, die nichts anderes bedeutet als ihr eigenes Fortbestehen. Und wir? Mutanten, die die Landschaft leeressen, um uns von ihr zu entfernen. Eine Rückkehr ist undenkbar, auch das Mutantentum erscheint als Auftrag, kodiert, ein möglicherweise perverser Befehl, dem gehorcht werden muß. Die anderen, die hier immer noch leben, haben sich daran nicht beteiligt. Ich sehe Landschaft, sie sehen Nahrung, Überleben. Im trockenen Boden hören sie das Wasser, in für mich nicht wahrnehmbaren Zeichen wittern sie die Verheißung der Jagd.

Am darauffolgenden Tag mache ich mich auf den Weg zum heiligen Stein, Uluru oder Ayer's Rock. Der geweihte Ort der Pitjantjara ist zum Symbol Australiens geworden, ein roter Kieselstein von neun Kilometer Umfang, 348 Meter hoch. Vergiß die Größe und das, was er ist, eine *Mona Lisa* in Form eines Steins, der wie ein Rätsel mitten im Flachland liegt. Genausowenig wie die Mona Lisa wird dieser Stein seinen Fotos gerecht. Er ist nicht von Menschen geschaffen, das macht seine Rätselhaftigkeit größer oder kleiner, je nach Betrachter.

Ich hatte nicht vor, mich von einem Stein einschüchtern zu lassen, doch so leicht kommt man nicht davon, dafür liegt er dort zu provozierend. Einfach ein großer Stein, sagt man sich, nicht mal eine Pyramide mit ihrem Mysterium von sakralem oder mathematischen Zauber. Ein letzter Backenzahn im offenen Maul der Wüste. Aber so funktioniert das nicht, kein Rationalismus kommt gegen die Verlockung an, gegen die Blutfarbe, die schroffe Absonderlichkeit, die ungereimte Form.

Der Weg zu ihm ist lang, und das paßt. Das Auge hat Zeit, alles wahrzunehmen, den grauen Raubvogel, der seine zwanghaften Kreise zieht, die Wildpferde an einer schlammigen Tränke. Wieder sind die Straßen leer, wieder steige ich aus, in die Stille, gehe durch ausgetrocknete, obszön geschuppte tote Flußbetten, umringt vom gestrandeten, ausgelaugten Wrackholz unvorstellbarer Überschwemmungen.

Mystisches Naturerleben, das ist verdächtig, gehört zu einer verschwundenen Zeit, aber ich kann mir nicht helfen, in diesen Landschaften werde ich zum Schwelger, zum Schmachter, ich verspüre die tiefe Befriedigung eines aus seiner Zeit gefallenen Idioten, geschuldet dem Unheil, das die »Tachtigers«[2] mit ihren Naturbeschreibungen während meiner Internatsjahre bei mir angerichtet haben, Vermächtnis der Romantik. Völliger Blödsinn, wenn ich vom Weg abkäme, wäre ich innerhalb von zwei Tagen tot, ich habe hier nichts zu behaupten. Und darüber hinaus stimmt noch etwas anderes nicht, denn warum nenne ich die seltsamen, von Menschenhand geschaffenen Konstruktionen *schön*, die von Zeit zu Zeit mitten in dieser Einöde stehen, diese merkwürdigen Gebilde, Pfahlwerke aus glänzendem Aluminium, Modernismen, die der Vorstellung von Natur ja gerade widersprechen oder sie gar zunichte machen müßten? Es sind nicht die wenigen Rastplätze mit Menschen, sondern diese menschenlosen, futuristischen Strukturen, die die Einsamkeit steigern. Ihre rätselhaften, aufwärts gerichteten Paneele beschwören die Idee menschlicher Absicht und Gemeinschaft, doch es ist, als wollten sie sich mit dem Spinifex und den harten, trockenen Sträuchern messen, sich ebenfalls zur Na-

tur erklären, geschaffen für eine noch unwirtlichere
Ordnung.

Inzwischen bin ich vom Stuart Highway auf die Piste
zur Wallara Ranch abgebogen. Im Rückspiegel sehe
ich den roten oder orangefarbenen Staub, den ich auf-
wirble. Zuweilen kommt mir von fern eine ähnliche
Staubwolke entgegen, zwei rollende Eruptionen, die
sich gegenseitig mit roter Asche überschütten. Bei
der Kernot Range stoße ich wieder auf die Straße
nach Ayer's Rock, doch vorher möchte ich noch in
die Olga Mountains. Auch dies eine Piste, der Wagen
gleitet durch Pfützen von Sand. Die Olgas sind höher
als Ayer's Rock, aber sie sind kein Monolith. »Kata
Tjuta« nannten die Aborigines sie, viele Köpfe, und
genau so sehen sie aus, runde, rote Köpfe in der Ferne.
Auch dies ist ein heiliger Ort aus der Traumzeit, man
hat eine mehrere Kilometer lange Kletterstrecke bis
zu der Stelle markiert, von der aus man das Valley
of the Winds sehen kann.
Es ist heiß, Schwärme kleiner Fliegen umschwirren
meinen Kopf, ich binde mir ein Taschentuch an die
Sonnenbrille, damit sie mir nicht in Mund und Augen geraten, und so werde ich zu einer wandelnden
Komposition, ich kann den Schwarm einen Ton höher singen lassen, indem ich ihn verjage. Aus der Nähe
betrachtet haben sich die vielen Schädel in einfache
Hügel verwandelt, erst später, als ich oben bin und
über die Schädeldecke gehe, kehrt das Bild zurück.

Doch wessen Schädel mag das sein? Vorsichtig gehe ich über den glatten roten Stein und schaue auf den Teil, der hinter mir liegt, wüstes, gezacktes Gebirge, Spalten, rostfarbene Wände mit Wölbungen und Einbuchtungen, die einer Schrift gleichen, nicht zu deuten. Auf der anderen Seite liegt das Valley of the Winds, doch die Bäume und Sträucher bewegen sich nicht, und falls es dort Menschen gibt, kann ich sie nicht sehen.

Ich setze mich auf einen Fels, möglichst geduckt, möglichst leise, eine Anwesenheit, die nur für mich etwas bedeutet. Die Weite der Ebene dort unten, die sich westwärts über Tausende von Kilometern bis nach Kalgoorlie erstreckt, saugt mich auf, ich komme mir fremd vor in dieser Grenzenlosigkeit, bis ein kleines Flugzeug über mich hinwegfliegt, herumschwenkt, einen langsamen Bogen über das Tal beschreibt und wie eine Fliege wieder im Blau verschwindet.

Der Abstieg ist schwieriger als der Aufstieg, Vögel lachen mich aus, als wüßten sie, was mich nach dreißig Kilometern am großen Felsen erwartet: Sonnenuntergang und hundert Busse und Autos. Zuerst sehe ich aus der Ferne nur diesen mächtigen, skurrilen Stein daliegen, die Form, die überraschende Farbe, doch näher gekommen, sehe ich die Autos, die Busse, die die Passagiere aus den Flugzeugen und die Tagesausflügler von Alice Springs hierhergebracht haben. Es war natürlich unsinnig zu denken, man könnte hier allein sein, doch die Idiotie des Spektakels, die parkenden Autos auf dem abgesteckten Gelände, die Fläche zwischen den Menschen und dem Berg, die geflüsterte Stunde des Sonnenuntergangs, zu dem sie alle pünktlich gekommen sind, die Blicke auf Armbanduhren, die Kameras, die gespannte Erwartung, als könnte die Sonne sich doch noch entschließen, an diesem Tag nicht unterzugehen – und dann, natürlich, die Apotheose, die große Farborgie, das Aufleuchten, Orange, Rot, das unbändige Purpur, gefolgt von Verdüsterung, Verdunkelung, Umnachtung, nächste Vorstellung: morgen. Ich habe mich irgendwo abseits auf den Boden gesetzt und warte, bis der Jahrmarkt abzieht mit den Geräuschen und der Stimmung wie nach einem großen Feuerwerk, eine geteilte Ekstase.

1872 erblickte der erste Weiße Uluru. Was heilig war, wurde entweiht, was jahrtausendelang tabu gewesen war, wurde geschändet, die Tränken für das Wild, die wenigen Quellen an seinem Fuß wurden gestört. In der zweiten Hälfte des zwanzigsten Jahrhunderts forderten die Aborigines ihr Gebiet zurück und bekamen es auch. Uluru wurde Nationalpark, man erbaute das futuristische Yulara, ein mit rosa Segeln bespanntes Visitors' Centre, Unterkünfte für die Touristen. Ich schlafe dort in einer Art Camp, einem steinernen Zimmer mit Stockbetten, es gibt öffentliche Duschen, Grillstellen, an denen die Australier große

Fleischstücke rösten. Abends sehe ich einen Film über Wüstentiere und schließe mich dann einer Gruppe an, die mit einem Ranger zu einer ruhigen Stelle geht, um den Sternenhimmel zu betrachten. Brav und still blicken wir zum Kreuz des Südens hinauf.

Am nächsten Morgen gehe ich noch einmal zum Felsen. Ich sehe eine dünne Menschenreihe hinaufklettern, doch aus einem mir selbst nicht ganz ersichtlichen Grund ist mir nicht danach, vielleicht will ich ihn nicht kleiner machen. Statt dessen gehe ich um den Felsen herum, mal dicht daneben, mal in größerem Abstand, durch brennendes offenes Feld oder durch parkähnliche Anlagen, immer jedoch, ob nah oder weiter weg, diese blutige, schrundige, gewölbte Wand des Gebäudes neben mir, das nie gebaut wurde. Antoni Gaudí hätte es gern entworfen, denke ich, als ich an einem Punkt angelangt bin, an dem eine Welle im Augenblick ihres Brechens versteinert ist, doch solche Gedanken sind lediglich Annäherung, ein Versuch zu benennen, der an der Dichte des Steins, der Geschlossenheit der Form abprallt.

Nach dreißig Kilometern, nach fünfzig, als ich auf dem Rückweg einen Sandhügel erklettere, um ihn noch einmal zu sehen, bin ich noch immer nicht weitergekommen. Die Skulptur, die ich an diesem Morgen noch gesehen habe, die Wände, an denen ich so lange entlanggegangen bin, sie sind wieder weggewischt, zu diesem Stein geschrumpft, der sich aus der Ebene der Welt herausgehoben hat, eine

Schöpfung ohne Münder und Ohren, so still wie ein
Stein.

Januar 1990

1 Robert O'Hara Burke (1821-1861) und William John Wills (1834-
   1861): britische Entdeckungsreisende, leiteten die erste Expedition, die Australien von Süden nach Norden durchquerte (1860/
   61), beide starben auf dem Rückweg; John McDouall Stuart
   (1815-1866): britischer Entdeckungsreisender, führte nach fünf
   vergeblichen Anläufen 1862 erstmals die Nord-Süd-Durchque-
   rung erfolgreich zu Ende; dieser Expedition verdankt der Stuart
   Highway seinen Namen.
2 *Tachtigers* (Achtziger): Name einer Gruppe von Dichtern und
   Schriftstellern, die ab 1880 die niederländische Literatur von
   Grund auf erneuerten.

Darwin, Nourlangie, Kakadu

Es war in Brisbane. Nördlicher war ich bis dahin in
Australien noch nicht gekommen, am Abend zuvor
hatte ein tropisches Unwetter die Stadt wieder und
wieder ins weißeste Neon getaucht, am wütenden
Himmel war eine elektrische Schrift erschienen, die
Angst einjagte, weil sie imstande schien, die Form
der Stadt und die menschlichen Phantasiegebilde aus-
zulöschen. Darauf war ein Sturm gefolgt und ein Regen, der die ganze Welt ertränken wollte. Die Natur
des versengenden Nordens trumpfte auf, gnadenlos,
gewalttätig, auch am nächsten Tag konnte ich mich
nicht vom Gedanken daran freimachen. Ich hatte etwas gesehen, das mich rief, und wollte weiter ins
Land hinein, wußte aber, daß ich noch zwei Wochen
würde warten müssen. Am Nachmittag entzog ich
mich den Verpflichtungen, die ich in der Stadt hatte,
kaufte einen Kangaroo-Paß, der mich auf meiner spä-
teren Reise in die Northern Territories, die Wüste
und in den tropischen Norden führen sollte, den die
Australier Top End nennen. Danach ging ich in das
Museum am Fluß, um mir eine Ausstellung von Aborigines-Kunst anzusehen, Kunst, die nie für ein Museum gedacht war, weil die Aborigines, bevor wir
kamen, sie nie als Kunst bezeichnet hatten, genausowenig wie ein provenzalischer Steinmetz aus dem elf-

ten Jahrhundert die biblische Szene als Kunst bezeichnete, die er für ein Kapitell oder ein Tympanon aus dem Sandstein meißelte.

Zehntausende von Jahren hatte dieser Kontinent fern fremder Augen existiert, und während dieser ganzen Zeit hatten Männer in Wald- oder Wüstenlandschaften, nomadisch oder seßhaft lebend, auf dem Boden gekauert ihre geweihten Darstellungen mit einem Finger in den Sand gezeichnet, mit gefundenem gelbem oder rotem Ocker, mit Holzkohle, weißem Ton, eingedicktem Pflanzensaft auf vergängliche Baumrinde oder auf ihren eigenen, ebenso vergänglichen Körper gemalt. Figürlich oder abstrakt, in menschlichen Formen oder geometrischen Mustern, nicht dazu bestimmt, bewahrt, sondern vielmehr weggewischt, zerstört zu werden, sobald das *corroboree*, das Fest, der Ritus, die Zeremonie vorbei war. Diese Welt der Darstellungen hatte eine Funktion in ihrem Alltagsleben, gehörte dazu wie Essen und Trinken, Sich-Paaren und Sterben in einer Einheit, die wir uns nicht vorstellen können. Die Darstellungen erzählten von Traumwesen, mythischen Vorfahren, Schöpfern, Geistern, sie konnten beschwören, begleiteten die vorgeschriebenen, unumgänglichen Handlungen, die das Fortbestehen sichern sollten, machten die Unsichtbaren sichtbar, begleiteten den sich wiederholenden, von außen durch nichts gestörten Kreislauf des Jahres und der Jahre.

Daß der eigene bemalte Körper Kunst sein soll, bedeutet nichts, wenn Kunst für dich kein Begriff ist: Es ist einfach dein Körper, wie er bei der Zeremonie auszusehen hat, das Bild, das du aufträgst, stellt dein Totem, deine Herkunft dar, das wochenlange Malen, Kerben, Zeichnen wird sich einen Tag nach der Zeremonie für immer verflüchtigt haben, nicht mehr existieren, es sei denn im Gedanken, in der Vorschrift, die die überlieferten Bilder auch beim nächsten Mal wieder verlangt.

Was wir nun, weil wir sie von unserem Leben abgespalten haben, als Kunst bezeichnen, als etwas, dessen Bedeutung wir nicht mehr mit anderen teilen können oder wollen, war dort, einst, Alltag. Irdisches und Mythisches, Anekdotisches, Historisches und Beschwörendes, Zauberei und Fruchtbarkeit, alles hatte seinen Platz darin. Die Formen waren abhängig von Ort und Jahreszeit, die Wüste malt anders als der Regenwald, der Berg anders als die Küste. Doch immer geht es um die Traumzeit, als die Erde noch wüst und leer war, flach und ohne Tiere, Menschen, Pflanzen.

In jener Zeit, die sich durch nichts deuten läßt, erschienen die Helden der Schöpfung, wie sie genannt werden. Sie setzten den Fuß in die leere Welt und bestimmten, was es dort geben sollte. Sie hatten unbestimmte Formen, tierische, menschliche, männliche, weibliche, sie schufen, was es gibt. Die Geschichten sind endlos in ihren Varianten; die Helden der Schöpfung warfen jemanden in die Luft, und es wurde der Mond, sie schufen jedes einzelne Ding, alles, was wuchs, sich bewegte, lebte, aus Staub bestand, eine Form hatte, und sie bestimmten, wie das Erschaffene sich zu verhalten hatte, legten für alle Zeiten die Rituale fest, die Gesetze, die die Stämme, die verschiedenen Völker, die umherziehenden Gruppen zu befolgen hatten.

Danach verschwanden die Ahnen, sie ließen ihr Bildnis in Malereien, in heiligen Gegenständen, in Zeichen in der Landschaft zurück. Wahrheit besteht ausschließlich in dem Gedanken, der sie denkt: Die uralten Felsmalereien, die ich später auf dieser Reise sehen werde und deren Alter mitunter auf über 25 000 Jahre geschätzt wird, sind den Aborigines zufolge nicht von Menschen gemalt worden, sondern sind Abbildungen, die die Schöpferwesen aus der Traumzeit hinterlassen haben, Bilder, die die damalige Zeit an die jetzige binden. Dies ist die Welt, wie sie erschaffen worden ist, und in ihr sind auch sie erschaffen worden: Die Vorstellung, ihre Vorfahren seien über Neuguinea, das einst mit Australien verbunden war, auf diesen Kontinent gekommen, wird rundweg verworfen. Das Einst der Traumzeit mündete in ein Immer, und so sind sie immer dagewesen, in dem Land, das für sie und mit ihnen erschaffen worden ist. Dieses Kontinuum, das bis in die zahlenlose Ewigkeit zurückreicht, hat vor zweihundert Jahren ein Ende gefunden.

Noch einmal: Brisbane, Museum. Diese Welt erkenne ich, Säle, Wände, rechteckige Formen, daneben Kärtchen, Namen, Jahreszahlen. Und die Materialien: Leinen, Acryl. Aber was soll ich damit? Was hier hängt, hat den *Anschein* von Kunst, ich erkenne die Formen, Materialien – Malereien in einem Rahmen. Ist nun alles Unsinn, was ich eben behauptet habe? Nein, natürlich nicht. Was auf diesen Malereien zu sehen ist, stammt noch immer aus jener Welt, und sie bleibt, so gefällig, ästhetisch, anheimelnd die Darstellung auch ist, ohne Spezialkenntnisse oder zumindest eine Ahnung von der überlieferten Denkwelt, die dahintersteckt, ziemlich undurchdringlich. Die alte Frage, was man wissen muß, um etwas richtig *sehen* zu können, drängt sich auf. Muß man die Mythen der Traumzeit kennen, um sich an diesen Malereien erfreuen zu können? Muß man die griechische Mythologie kennen, um sich wirklich von Rubens berühren zu lassen, kann man sich ohne Bibelkenntnisse an den Tympana von Autun oder Moissac erbauen? Diese Fragen muß jeder für sich selbst beantworten, für *mich* hängt es von der allgemeinen oder nicht allgemeinen Gültigkeit der Denkwelt ab, aus der heraus etwas geschaffen wurde. Auf die individuellen Anspielungen oder Konnotationen eines individuellen Künstlers kann ich vielleicht verzichten, doch sobald es sich um ein Werk handelt, das aus einem allesbeherrschenden Weltbild heraus geschaffen wurde, will ich wissen, was es damit auf sich hat:

Sonst schaue ich wie ein Blinder. So ungefähr. Und folglich lese ich die Erläuterung zu diesen Malereien jüngeren Datums, zu den Legenden, dem totemistischen Ursprung, den Schöpfungsmythen. Leicht ist das nicht, die Sprache, in der hier mit mir gesprochen wird, verstehe ich nur bruchstückhaft; die Konturierungen, Schraffuren, die kuriosen Muster aus weißen Punkten, die Richtung der Geometrien, die Absonderungen von Teilen des Bildes in einem Gesamtgebilde, die gedehnten Formen und die Aussagen, die sich hinter alldem verbergen, es berührt mich, bleibt aber an der Oberfläche, ich kann es noch nicht in eine innere Gültigkeit übersetzen.

Dann kommt der Moment, da ich einen kleinen Saal betrete, in dem ein Video läuft. Das erste, was ich sehe, ist eine Landschaft, aus der Luft aufgenommen, ein Flugzeug, das auf eine hoch aufragende Felswand zufliegt. Die Farbe des Steins ist fast orange, es ist die Seite eines Tischs, als das Flugzeug höher steigt, sehe ich die Tischplatte, und sie nimmt kein Ende mehr, erstreckt sich bis in eine Ferne, die nicht festgelegt ist, immer weitergeht. Keine Menschen, hier und da Bäume, trockener Boden, der zwischen ihnen durchschimmert. Dann beschreibt das Flugzeug, das ganz klein ist, einen Bogen, um zu landen. Das nächste Bild zeigt ein paar – zumeist alte – Männer, fast nackt, am Boden hockend, und einen Mann, der aus dem winzigen Flugzeug ausgestiegen sein muß. Er trägt einen Bart aus anderen Zeiten, einen, der schmal beginnt und nach unten hin breit ausfächert, ein bißchen ulkig. Das Gesicht des Mannes ist hohlwangig, intensiv, er hat große, dunkle Augen. Er begrüßt die Männer, sie kennen sich. Jetzt sitzen sie auf einer freien Fläche, über die sich ein Fels wölbt. Erst nachdem ich eine Weile zugeschaut habe, wird mir klar, worum es geht. Unter dem Felsvorsprung gibt es Zeichnungen, wie sie sich, so erklärt der Mann mit dem Bart, überall auf diesem endlosen, unzugänglichen Plateau befinden. Seine Stimme hat einen mitteleuropäischen Akzent. Arnhemland, dort befinden sie sich. Das ist im Norden, wie ich weiß, Aborigines-Gebiet und regelmäßig in den Nachrichten wegen riesiger Bauxit- und Uranvorkommen und der problematischen Frage, ob man sie an Stellen, die für ihre Besitzer heilig sind, abbauen soll oder nicht. Eine Karte wird gezeigt, ich sehe dieselbe Ausgedehntheit, diesmal graphisch dargestellt. Sie nimmt mindestens zwei Drittel von Top End östlich von Darwin und dem Kakadu Park ein. Entdeckt vom Niederländer Jan Carstensz. im Jahr 1623. Tropisch, viel Regen, gewaltige Flüsse. Wasservögel, Büffel, Krokodile. Ein paar *outposts*, keine Orte von nennenswerter Bedeutung, ein paar Landepisten für kleine Flugzeuge, eine Welt, in der man unseren Teil von Europa schlafen legen kann.

Die Kamera zoomt die Felszeichnungen heran, ich sehe Tierformen und hohe, hieratische Menschengestalten. Hier und da sind die Darstellungen übereinandergemalt, manchmal halb gelöscht. Der Mann mit dem Bart spricht von Perioden, von Früherem und Späterem, er deutet auf sechsfingrige Hände und sagt, die weißen, augenlosen, langgestreckten Figuren seien Namandi-Geister, doch dann verliere ich ihn aus meinen Gedanken und überlege mir, daß ich selbst zu dieser Höhle will, selbst in dieser Landschaft fremder Träume stehen und zu dieser Höhle klettern will, sehen, wo die Zeit von einst die meinige berührt, mich fragen, wie das Malen begonnen hat, wie es zu diesem geheimnisvollen Moment gekommen ist, da das Gesehene zum erstenmal abgebildet wird, da jemand den Anblick eines Fisches, einer Hand, einer Schildkröte so sehr in sein inneres System aufgenommen hat, daß er sich in ein Bild auf einer Felswand übertragen läßt. In jeder Kultur muß jemand das zum erstenmal tun; was für ein Mensch ist das? Wer kann das, die Geschichte der Schöpfung, wie sie ihm überliefert worden ist, mit Ocker oder Kohle oder Ton, mit einem faserigen Zweig oder mit den Händen, aus sich heraus an einen Ort bringen, an dem sie stillsteht, an dem der Fisch ein anderer, aber noch immer der gleiche Fisch, eine Schildkröte eine andere, aber noch immer die gleiche Schildkröte ist?

Wochen später bin ich in Canberra. Bei einem Mittagessen in der Botschaft erzähle ich dem niederländischen Botschafter von dem Mann mit dem Bart, und er lacht und sagt, er wisse genau, wen ich meine, einen

Tschechen, George Chaloupka, Konservator des Museum of Arts and Sciences in Darwin, einer der bedeutendsten australischen Sammlungen von Aborigines-Kunst. Nach dem Essen ruft er im Museum an. Chaloupka ist nicht da, aber sobald ich in Darwin bin, soll ich Kontakt zum Museum aufnehmen, dann werde ein Treffen in die Wege geleitet.

Darwin, tropisches Dampfbad, 70 000 Menschen, die in diesem Augenblick für mich in einem alten Mann zusammengeballt sind, der auf der Esplanade gegen den Wind spaziert. Das Meer hat die Farbe einer Schiefertafel, ich weiß noch, was das ist. Das Hotel, das ich mir ausgesucht habe, hat sich diesem Alter angepaßt, ein alter kolonialer Kasten, in dem nie etwas weggeworfen wurde, eine Eingangshalle, in die die *Titanic* passen würde und in der Männer mit weißen Knien im Fernsehen Kricket gucken. Die am schnellsten wachsende Stadt Australiens, dreimal von einem Zyklon von der Welt gefegt, 1897, 1937, 1974. Auf dem Parkplatz steht das Wrack des angeschlagenen Japaners, den ich bei Rent-a-Dent für zwanzig Dollar pro Tag gemietet habe, denn die Entfernungen sind zu groß, als daß sie zu Fuß zu bewältigen wären. Die Tür muß mit einer Schnur befestigt werden, die Rückbank hat ein Lustmörder aufgeschnitten, aber es fährt oder, besser gesagt, segelt.

»Matt« ist das Wort. Es ist Oktober, die nasse Jahreszeit, *The Wet*, hat angefangen, doch der große Regen kommt erst später. Träge kreisen die riesigen Ventilatoren in der Eingangshalle, Menschen in Buschkleidung kommen und gehen. Ich spaziere über den trockengefallenen Strand des East Point Reserve, sehe die Mangrovensümpfe in der Ferne, höre, wie meine Fußspuren sich mit leise blubberndem Wasser füllen. Geräusche genug: ein Hauch von Brandung in der Ferne, wo ich sie nicht sehen kann, und ganz in der Nähe ein geheimnisvolles Klopfen und Ticken, *tok*, als pochte ein steinerner Knöchel an die Felsen. Künftige Korallen liegen wie hirnförmige Ausscheidungen über den rostfarbenen Stein drapiert, alles bewegt sich, Tiere ohne Namen schieben, schneiden, schleichen sich durch den Schlamm, Verwitterung, Versalzung, Veralgung, Vermoosung, Verschleimung, das ist zur Stunde im Gange, Anker, Bojen, Ketten, Wrackteile, Stein, alles zeigt seine geheimen Träume, die sonst unter dem Wasser verborgen sind. Überall quietscht und quatscht es, ich gehe in dem Haus herum, das meine Spezies vor so langer Zeit verlassen hat, die schale Wohnung, nicht Meer und nicht Land, Obdach für die zurückgebliebenen, unkenntlichen Brüder, Seegurken, die eine spermafarbene Schleimspur hinter sich lassen, Sterne, die sich kratzig anfühlen, Kaiser aus Gummi, Prinzessinnen aus Schwamm, smaragdgrüner Tang, rote, feuchte Schimmelpilze, gelbes Moos, sich bewegende Muscheln, schluckendes, schlürfendes, blubberndes Wasser. Beagle Gulf, Van Diemen Gulf, Arafura Sea, über dieses bleierne, schiefrige Wasser kamen sie aus Makassar, um mit den Aborigines zu handeln, damals, einst.

Im Hotel finde ich eine Nachricht von Chaloupka, er ist wieder da und erwartet mich an diesem Nachmittag. Von seinem Fenster aus hat er mich vorfahren sehen und sagt, während er auf mein Wrack zeigt: »Sie wollten damit doch wohl nicht in den Kakadu Park? Sie brauchen einen Allradwagen, wenn Sie etwas sehen wollen.« Er sitzt gegenüber dem vergrößerten Foto einer Felsmalerei, die ein westliches Schiff darstellt. Als er meinen Blick sieht, sagt er: »Sie haben uns immer gut im Auge behalten.« Er hat Ähnlichkeit mit einem Kapuzinerpater. Der Schnurrbart ist von Nietzsche, darunter fließt dieser merkwürdige Bart, lang, gesponnen, flauschig, als wolle er den Boden berühren. Verwittertes Gesicht, die Augen groß und traurig. Er fragt, wieviel Zeit ich hätte, und sagt, ich könne im museumseigenen *wagon* in Cooinda wohnen. »Der wird zwar heiß sein, aber wenn Sie eine Zeitlang für Durchzug sorgen, ist es erträglich.« Dreißig Jahre ist er schon hier. Er zeigt mir ein Buch, das er über den Nourlangie Rock geschrieben hat, und erklärt mir anhand der Karte, wo er liegt. »Eigentlich müßten Sie nach Malgawo«, sagt er, »aber das liegt tief in Arnhemland, ein *outpost* mit nur drei Familien, und man braucht eine Genehmigung da-

für, und außerdem muß dann auch gerade ein Flugzeug gehen.« Er zeigt mir die Fotos, die er dort gemacht hat, und gibt mir die Fahnen eines Buches mit, das noch nicht erschienen ist. »Auf jeden Fall müssen Sie erst nach Nourlangie und Burrunguy und natürlich auch nach Ubirr, um die *X-ray paintings* zu sehen.« Er deutet auf ein Foto an der Wand, und ich erkenne die Höhle wieder, die ich in dem Film gesehen habe. Abwärtszeigende Fische mit eingezeichnetem Skelett, Röntgenkunst. Gemeinsam studieren wir die Karte. Point Farewell, Cooper Creek, East Alligator River. Der Fluß ist die Grenze zwischen dem Kakadu National Park und dem Land der Aborigines. »Wenn Sie nach Oenpelli wollen, brauchen Sie auch eine Genehmigung, aber Kakadu bietet schon mehr als genug. Weiter nördlich liegen die *floodplains*, die Lagunen, die *billabongs*, weiter südlich das hohe Tafelland mit seinen tiefen Schluchten und Wasserfällen. Wenn Sie etwas von der Wasserwelt sehen wollen, müssen Sie morgens in aller Frühe eine Bootsfahrt auf dem Yellow Water machen, und mit früh meine ich, daß Sie schon vor Sonnenaufgang auf dem Wasser sein müssen. Die Fahrt nach Ubirr sollten Sie am besten als erstes unternehmen, die Straße ist nicht asphaltiert, aber die richtige Regenzeit hat noch nicht begonnen. Und Vorsicht mit den Krokodilen, dort wimmelt es nur so von ihnen.«
Ich frage ihn, wie das Leben in den Aboriginal Reserves ist und ob es möglich ist, wie in früheren Zei-

ten zu leben, während man von der heutigen Zeit weiß. Wie lange läßt sich ein solcher Anachronismus aufrechterhalten? Soll man Kinder von höherer Bildung fernhalten, und, falls man diese Frage verneint, wie wird sich das auf diese Gemeinschaften auswirken? Wie lange kann sich die Idee der heiligen Orte gegenüber den Interessen der Bergbauindustrie und des Landes behaupten? Zu wessen Unterhaltung müssen Menschen noch Wurzeln suchen und Nüsse zerstampfen, wenn sich die Nahrung auch auf andere Weise beschaffen läßt? Er zuckt die Achseln. »Das beste, was man tun kann«, sagt er, »ist, Lebensweise und Unabhängigkeit zu schützen, solange die Menschen das selbst wollen. Es ist ihr Leben und ihr Land. Und darüber haben sie sehr dezidierte Ansichten. Nur, es gibt zu viele Leute, die sich einmischen.« Nein, er sagt nicht »Leute«, sondern »Europäer«. Dieses Wort taucht immer wieder in negativer Bedeutung auf, bis ich begreife, daß er die Dreinreder damit meint, Leute, die nicht mit den Aborigines leben wollen oder gelebt haben, ihnen aber ganz genau erklären können, wie sie die Sache politisch angehen müssen.

»Sie sind doch selbst Europäer«, sage ich, und er lacht. »Schon lange nicht mehr. Ich bin schon zu lange hier, ich glaube, ich weiß, wovon ich rede.« Gerade als er mir erläutern will, was genau er damit meint, kommt jemand ins Zimmer und ruft ihn hinaus. Als er zurückkehrt, ist er blaß, niedergeschlagen. Er hat keine

Zeit mehr für mich, etwas Schreckliches ist passiert. Ein Freund von ihm, ein bekannter Aborigine-Maler, ist zusammen mit seiner Frau und seinen Kindern in Oenpelli ermordet worden. Wahrscheinlich wegen Geld oder aus Eifersucht oder wegen beidem. Der Mörder ist der Schwiegersohn des Ermordeten. Niedergeschlagen steht Chaloupka vor der Karte. »Schauen Sie«, sagt er, »den Mann braucht man gar nicht zu suchen. Es gibt keine Straßen, mit Ausnahme des Tracks, der zum Nangalala Outpost führt, ein paar Hundert Kilometer weiter östlich. Darum herum ist alles leer, es gibt nichts, nur Busch, *floodplains*. Er hat seine alte Mutter mitgenommen, die weiß noch, wie man sich vom Land ernährt. Wenn es sein muß, können sie jahrelang durchhalten.«

Das Gespräch ist zu Ende. Er sagt noch einmal, ich solle als erstes nach Ubirr fahren, und daß der Wagen des Museums mir zur Verfügung stehe. Am nächsten Morgen breche ich in aller Frühe auf. Ich habe eine hochbeinige, vierschrötige japanische Kiste gemietet, biege auf den Stuart Highway, der erst dreitausend Kilometer weiter in Adelaide, am anderen Ozean, endet. Doch so weit muß ich nicht fahren, ich biege schon nach vierzig Kilometern nach links ab, Richtung Arnhemland. Tolle Ortsnamen: Humpty Doo, Annaburroo, Wildman Lagoon. Gigantische *roadtrains* donnern vorbei, beängstigend, Trucks mit drei Auflegern, der Luftdruck schiebt einen auf die Seite. Manchmal liegen ganze Büffel im Straßengraben, das Maul voll Blut, überfahren, so wie jemand in Holland einen Hund überfährt.

Trocken, so muß man die Landschaft nennen, die Flüsse, die ich überquere, führen auch hier kaum Wasser, der große Regen hat noch nicht eingesetzt. Irgendwo muß ich mich zwischen Jabiru und Ja Ja entscheiden, kann es jedoch auf der Karte nicht finden, und dann wird die Straße eine rote Spur und diese Spur eine endlose Wiederholung ihrer selbst, umgeben von einem trockenen, totenstillen Wald. Ich steige an einem Fluß aus, die Stille zischt mit unbekannten Geräuschen. Ein gelbes Schild: *Do not enter water. Keep children and dogs away from water's edge. Crocodiles frequent this area*, und so stehe ich da und starre auf den schwarzen, glänzenden Onyx, auf die rote Erde zu meinen Füßen, die Zeichen der vertrockneten Eukalyptusblätter wie ein geleerter Setzkasten.

Ich würde gern in den Wald hineingehen, aber auch dort stehen Schilder, immer wieder jemand, der mahnend zu mir spricht, aber nicht zu sehen ist. Ich darf unter keinen Umständen die Oenpelli Road verlassen: *It is an offence to enter Aboriginal Land without a permit*, und nun scheint es so, als hockten die abwesenden Sprecher in diesem kümmerlichen, brennenden Wald und beobachteten alles, was ich tue. Es gibt kaum Verkehr, ich bin allein in meiner Staubwolke, und genau so sehe ich schon von weitem die wenigen anderen sich nähern, als Wolken, Erscheinungen.

Bei Ubirr ist es still. Ich lasse mein Auto auf dem vorgeschriebenen Platz stehen, die Wanderung dauert eine knappe Stunde. Ich sehe ein Schild, *Main Art Gallery*, das durch den widerlichen Gedanken an Geld und Mode, den es weckt, beinahe alles verseucht, doch als ich dort angekommen bin, verfliegen diese Gefühle. Dies hier ist majestätisch. Alles, was noch an Atavismus in mir ist, wird bedient. Anders kann man das nicht sagen, ich jedenfalls nicht. Alles, Steine, Bäume, Felsbrocken, will sein unglaubliches Alter in mich bohren, nirgends eine menschliche Stimme, um mich abzulenken, der graue, bösartige Glanz der Steine hält den Eindringling fern. Gemurmel von Sträuchern, Geraschel von unsichtbaren Tieren. Hier haben sie gewohnt, unter diesem überhängenden Felsen haben sie Schutz gesucht, in der Tiefe und über ihren Köpfen haben sie die Tiere gemalt und gezeichnet, von denen sie lebten, *anbardagarde*, den großen Fisch namens *barramundi*, *badjalanga*, die Langhalsschildkröte, und *barndjal*, die mit dem kurzen Hals, *kalekale*, den Wels, *budjudu*, den *goanna* (Leguan), *bargu*, das Wallaby.

Ich lege mich in dieser Farbe mykenischer Töpferwaren auf den Rücken und schaue. Phantasiefische, die abwärts schwimmen, das Raffinement der Zeichnung, die kleinen weißen Menschen daneben so bescheiden, gesichtslos, als wollten sie sagen, sie seien eigentlich gar nicht da. An einer anderen Stelle ist ihr Schatten rot vor einem roten Hintergrund, Silhouetten von Jägern. Als ich länger hinschaue, sehe ich, daß die Felswand hundert Farben hat, Erosion, Verwitterung, Schimmel, Zeit – alles hat sich in diesen Stein eingegraben, und über all das ist das Bild geschrieben, das draußen lebendig, als Wirklichkeit existiert hat und seinen Weg durch jemanden nehmen mußte, um hier, in den Farben des Bodens, neu zu existieren, bewegungslos, aufgeschrieben, über die Jahre hinweg eingeritzt.

Später werde ich etwas über die Datierung dieser Malereien lesen, über die zehntausend Jahre Differenz zwischen der einen und der anderen, aber jetzt tut das nichts zur Sache. Die vor 20 000 Jahren geschaffenen Bilder und die aus unserer eigenen Zeit hängen im selben Kontinuum, und jetzt, da ich hier bin und schaue, umfächeln all diese verstrichenen, mit Nullen behangenen Jahre mich wie etwas aus *einem* Stoff, *einem* Gewebe, das wie ein Zaubergewand die Zeit ausschaltet, vernichtet, als Idee ungültig macht, so daß sie zu einem Element wird wie Wasser oder Luft, zu etwas, in dem man sich in alle Richtungen bewegen kann und nicht nur in die eine, wo dein Teil davon aufhört. Meinen Sie vielleicht die Ewigkeit, fragt mein Doppelgänger, aber nein, merkwürdigerweise meine ich die gerade nicht, denn auch Ewigkeit ist ein Zeitbegriff. Von dem Felsen führt ein Pfad zum darübergelegenen Plateau, und weil ich noch immer mein Zaubergewand anhabe, finde ich alle meine Gedanken bestätigt, denn draußen, tief unter mir, liegt eine Landschaft, die sich bis zum Ende der sichtbaren Welt erstreckt. Es ist die Landschaft aus einem Traum, Göttergestalten gehören hinein. Ein Raubvogel steht still über ihr, als müßte er allein sie bewachen, andere, weiße Vögel schwimmen auf einer sumpfigen Fläche neben einem Waldrand. Unter mir, am Fuß der Felsen, die spitzen Pyramiden von Termitenhügeln, Sandpalmen, so unscheinbar wie Gras, Felsblöcke von einem zerstörten Tempel.

Als ich wieder hinuntergeklettert bin, gehe ich noch einmal unter den Felsüberhang. Was fehlt, sind ihre Stimmen, das Summen von damals, als sie dies malten. Oder das Feuer, die Essensdüfte, Geschichten, Kinderlaute. Meine Anwesenheit, ihre Abwesenheit, ein Gedanke wie eine Strafe.

An diesem Nachmittag sehe ich dieselben Landschaften noch einmal aus der Luft, eingebettet in ihre eigene Vergrößerung. Auf dem Weg nach Cooinda bin ich an einem Bergwerk vorbeigekommen, von dem zu ihm gehörenden staubigen Flugplatz aus kann man Rundflüge machen. Es passen nur fünf Passagiere in die Cessnas, mit denen geflogen wird, die Piste ist ein Stück trockener Boden, der aus dem Wald herausgeschnitten ist. »My name is Ross«, sagt der junge Pilot, »I'll be zooming you around the skies this afternoon.« T-Shirt, kurze Hose, Sneakers. Wir flattern in den Himmel hinein, durch die Boeings und anderen großen Maschinen auf Linienflügen hat man fast vergessen, was wirkliches Fliegen ist. Nasale Stimmen, die aus seinem Kopfhörer dringen, seine Antworten, die Thermikanfälligkeit, Luftlöcher, die einem kurz den Atem rauben, das Stottern und Spukken des Motors, der Wind. Ich sehe das Rot der Straße, auf der ich gerade noch gefahren bin, und dann dreht er ab, über Felsklüfte, Flüsse, Wald und Savanne, die Welt fünf Minuten nach ihrer Erschaffung, die Straßen verschwunden. »Arnhemland«, sagt er, und ich denke an den Flüchtling, der dort irgendwo unsichtbar, unauffindbar in dieser Unendlichkeit verborgen ist, wie er uns vielleicht hört, was er denkt.

Wir drehen eine Runde über Ubirr, die Ebene hinter den Felsen, ein Gänseschwarm als straffe Formation zwischen uns und der Erde. Yellow Water, Alligator River, die Farbe von Asche, die Spur eines toten Flusses, eine blutende Felswand, wo ein Monster in die Erde gebissen hat, »sixty million years old«, überschreit die australische Stimme den Dialekt des Motors, und wir gehen langsam tiefer, skelettartige, weißbeschimmelte Bäume in moosgrünem Wasserland, »a hawk, a hawk«, und jetzt ist es der Raubvogel, der sechzig Millionen Jahre alt ist, sein gekrümmter Schnabel gezeichnet vor dem Hintergrund der Welt, der Asche, dem Stein, dem Feuer, dem Wald der Erde.

Wir landen in einer Staubwolke und gewöhnen uns wieder an unser Maß. Ich möchte vor Einbruch der Dunkelheit in Cooinda sein und erreiche es bei Dämmerlicht. Plötzlich viele Menschen. Jeeps und Land-

rover an einer Tankstelle, ein Geschäft, ein Platz, an
dem man grillen kann. Rauhe Typen, riesige Mo-
torräder, wildes Land. Ich hole den Schlüssel des museumseigenen Wohnwagens in einem Büro ab und
gehe durch den Wald dorthin. Er steht abseits des
Camps, als ich die Tür öffne, schlägt heiße Luft heraus.
Im Laden des Camps hole ich eine Dose Corned beef,
Kartoffeln, Zwiebeln, Senf. Kochen, braten, stampfen, ein Rezept, das ich einst, vor langer Zeit, von einer
abenteuerlichen Freundin gelernt habe und seitdem
an den seltsamsten Orten der Welt zubereite.
Als ich zurückkomme, hat sich die schlimmste Hitze
verzogen. Ich habe Moskitonetze vor die geöffneten
Fenster gehängt und das Transistorradio eingeschal-
tet. Dies ist ein richtiges Haus, der erste eigene Fleck
seit zwei Monaten, an dem ich kochen kann. Ich sitze
auf der kleinen Treppe vor der Tür, höre aus dem
Radio die gebrochene Stimme, die sagt, der Mörder sei noch nicht gefunden. Im Kühlschrank steht
eine Flasche Bier, ich habe sogar Ingwerpulver in der
kleinen Küche gefunden. Große Zufriedenheit, denn
ohne Ingwerpulver kein perfektes Cornedbeefhaschee.
Der Wald ist jetzt dunkel, ich leuchte mit meiner Taschenlampe hinein, sehe aber nicht, woher die merkwürdigen Geräusche kommen, Rauschen und Ra-
scheln, Frieden, ein Mordstrumm von Mondschädel
rollt über die Baumwipfel, mehr höre ich nicht und
mehr will ich nicht. Ich schlafe in dem Bett wie in
einer Koje, und als ich aufwache, ist die Sonne noch

nicht richtig aufgegangen, das ockerfarbene Neon-
licht der Tankstelle brennt noch in der Ferne, die
Welt ist eine graue Wanne. Ich gehe zum öffentlichen
Waschraum im Camp, um zu duschen. Die ersten
bleichen Schemen des Tages sind unterwegs.
Eine halbe Stunde später bin ich am Yellow Water.
Nebel über dem Wasserland. Mit einer Gruppe anderer Menschen werde ich in ein kleines Boot ver-
frachtet, unser Führer ist ein junger Ranger, rauhbei-
nig, eine männliche Schönheit, er hätte Thomas Mann
eine Seite verzweifelten Tagebuchs gekostet, und
obendrein weiß er alles über Vögel. Die Gesellschaft
ist still, hängt noch an der Nacht, das Wasser schwarz
wie Eis, über das noch kein Schlittschuh geglitten ist,
der junge Führer beantwortet die ersten Fragen mit
verlegener Höflichkeit. Die Sonne geht über der Ebene auf, fast zu intensiv, orangefarbenes Licht über
den Seerosen. Ich drücke mich in meine Ecke und
notiere die Namen der Vögel, wie er sie uns nennt,
snakebird, darter, whistling kite und ein kleiner Eisvogel, der in seinem Azur vor uns sitzen bleibt. Poseure
sind es, oder Blinde, wollen uns nicht sehen, denn in
ihrer verblüffenden Ökumene fahren sie dort, an den
Ufern, mit ihrer Tätigkeit fort, schütteln ihre schwarzen Flügel aus, stecken die schlangendünnen Hälse
ins Wasser, Spaltfußgänse und Federbuschreiher, Je-
susvögel und profane Ufervögel, Nanking-Nachtrei-
her und Purpursumpfhühner, der Fischadler mit dem
ersten Fisch in den Fängen, Ibis, Kormoran, Eisvogel

in den messerspitzen Blättern der Schraubenpalme, und dann wieder der langsame Flügelschlag des Fischadlers, pfeifende Enten, Pelikane, Löffler. Wasserpflanzenteppiche wogen mit, und dann taucht auch der gepanzerte Schrecken persönlich auf: Wir treiben bei abgestelltem Motor über das totenstille Wasser, der Führer hat uns darauf aufmerksam gemacht und gleichzeitig wie ein Dirigent die Passagiere auf der anderen Bootsseite mit *einer* Handbewegung niedergedrückt, damit sie nicht aufstehen, und wir sehen das Krokodil reglos unter der Oberfläche liegen; als es sich endlich bewegt, kräuselt sich das Wasser an seinen Schuppen. Drei Stunden kann es unten bleiben, sagt der Führer, die Beine einwärts geklappt, und sich mit trägen Schlägen des mächtigen Schwanzes fortbewegen. Jetzt, ohne das Geräusch des leisen Motors, hören wir die Vogelgespräche, die Arien, Rezitative, Verordnungen, Forderungen, Redensarten, Refrains und Antiphone, die nicht für uns bestimmt sind, Kollern, Gurgeln, Schreien, Sklavenchöre und eigensinnige Soli, Jubel und Trauergesang, alles, was sie schon gesagt haben, bevor wir da waren, um es wahrzunehmen. Die Nebelschleier haben sich verzogen, die Sonne hat es eilig, ihre Macht zu beweisen. Dies sind die ersten paradiesischen Stunden, der Rest des Tages gehört der Gewalt.

Februar 1990

Inseln, Riff und Regenwald

Der Städter, der Unglückliche, der von jeder Kleinigkeit wach wird. Ein Training nach so vielen Jahren Hotel: immer wissen, wo man ist, wo das Licht ist. Doch dies ist kein Hotel, es ist ein Wohnwagen in einem Wald beim Camp von Cooinda. Wenn es ein Geräusch war, das mich geweckt hat, ist es jetzt verstummt. Ich habe tastend meine Taschenlampe gefunden und leuchte auf die Holzwände. Halb fünf. Am Abend zuvor habe ich nicht für mich selbst gekocht, sondern zwischen den anderen gegrillt, in einer ruppigen, fröhlichen, ausgelassenen Menge. Wenn man's in *einem* Wort ausdrücken müßte: Freiheit. Alle sind müde oder erfüllt oder schmutzig vom Tag, von den auf der Piste zurückgelegten Entfernungen, vom Gesehenen. Lange Tische, man setzt sich dazu und wartet, bis ein Platz an einem der Grills frei wird. Große Fleischstücke, Bierflaschen, Geschichten über den Wald, das *billabong*, den Fluß. Dann die Nacht, die alles zudeckt, Spaziergang zurück durch den Wald. Stille, Stille, Stille.

Ich gehe ins Freie. In der Ferne die schweigenden Formen von Zelten und Schlafbaracken. Noch niemand auf. Ich suche Orion, den treuen Jäger, der jetzt so fremdartig auf dem Kopf steht. Am Äquator muß er auf der Seite liegen. Gestern abend habe ich das Kreuz des Südens gesehen. Jemand erzählte eine Legende von den Aborigines, wie Baiame, einer der Schöpfer/Ahnen, in der Traumzeit über die leere Welt reiste, die er erschaffen hatte. Er war einsam, keiner da, mit dem er reden konnte. Er saß auf der roten Erde, nahm etwas von ihr auf, machte einen Mann, noch einen Mann, dann eine Frau, brachte ihnen bei, wie sie Wurzeln suchen mußten, welche Pflanzen man essen konnte, wo die Larven saßen. Als sie das gelernt hatten, ging er weiter. Eine Zeitlang lief alles gut, die drei lebten glücklich zusammen. Dann kam eine große Dürre, und sie glaubten, sie müßten sterben. »Es gibt noch die Tiere«, sagte die Frau, »wir müssen jagen. Dann haben wir Fleisch zum Essen und Blut zum Trinken.« Einer der Männer tötete ein Känguruh, die Frau machte ein Feuer in einer Mulde und legte das Tier in die glühende Asche. Doch der eine Mann wollte das Fleisch nicht essen, da Baiame sie das nicht gelehrt hatte. Er lief davon, und die beiden anderen folgten ihm. Doch er weigerte sich noch immer zu essen und starb unter einem Baum, einem weißen Eukalyptus. Da kam ein finsterer Geist mit brennenden Augen aus dem Baum, hob den toten Mann auf, warf ihn in einen hohlen Baum in der Nähe und sprang selbst hinterher. Zwei weiße Kakadus flogen vor Schreck auf und schrien fürchterlich. Der Baum ächzte, seine Wurzeln wurden aus der Erde gezogen, der ganze Baum verschwand in der Luft, in der leeren, schwarzen Ferne, gefolgt von den Kakadus, bis die beiden Zurückgebliebenen nichts mehr sahen außer den vier brennenden Augen in dem hohlen Stamm; aus den Augen ihres Freundes und des bösen Geistes wurden die vier Sterne, die das Kreuz des Südens bilden, und aus den Flügeln der Kakadus die hinteren Sterne des Großen Bären.

Jabiru. Jemand hat mir empfohlen: Wenn du zum Nourlangie Rock fährst, mußt du den Weg über Jabiru nehmen. Dort haben sie ein Hotel in Form eines Krokodils gebaut. Mich reizt nichts an einem Hotel von der Form eines Krokodils, aber ich fahre trotzdem hin und werde eines Besseren belehrt. Es ist ein geniales Gebäude, ultramodern, die Abstraktion eines Krokodils und gleichzeitig ein Krokodil, Maul, Augen, zur Seite gedrehter Schwanz. Je länger ich es betrachte, desto aufgeregter werde ich. Ich betrete es durch das Maul und trinke einen Espresso. Einen Espresso mitten im Busch und in einem Krokodil. Der Ort selbst ist ausgestorben, alle haben sich vor der Hitze versteckt. Viele Blumen, das Zischen automatischer Wassersprenger. Ein paar unverwüstliche englische Nachkömmlinge spielen, gehüllt in merkwürdige weiße Kleider, ein Spiel mit Kegeln und großen Bällen.

Nourlangie. Der Weg dorthin führt gemächlich aufwärts, ein paar Kilometer zu Fuß. Das Auto muß stehenbleiben. In einer Box gibt es Faltblätter mit *Park*

94

Notes, damit man auf dem Weg nach oben die Bäume erkennen kann. *Bridal tree, smooth-barked bloodwood, darwin box, woodland pandanus, turkey bush, darwin stringybark, darwin woolybutt, ghost gum, ironwood, sand palm, green plum, red apple.* Ich sehe sie, ich grüße sie. Weil niemand sonst da ist, höre ich auf das Faltblatt, das erzählt, die Landschaft ringsum sei »ein Supermarkt« für die Aborigines, schon *thousands of years*.
Es spukt hier, ich bin umgeben von Geistern. Die Zeichnung vor mir, weiß gemalt, stellt Barginj dar, die Frau von Namarhon, dem Blitzmann. Sie macht einen Luftsprung, ihre hohen weißen Brüste zeigen weit zur Seite. Sie hat keinen Mund, keine Nase, nur zwei dunkel umrandete Löcher als Augen, ihr Körper ist in Rauten unterteilt, über die Genitalien läuft eine gebogene dunkle Linie, wie um diesen Bereich vom Rest ihres Körpers zu trennen. Wenn hier ein Tanz abgebildet ist, dann ein düsterer. Die Arme weit ausgebreitet, dünne weiße Linien. Sie flößt Angst ein in ihrer verbissenen, totenstillen Freude.
Am Ende der Landschaft liegt auf einem Felsplateau ein großer runder Stein, ich kann ihn von weitem sehen. Doch der Stein ist kein Stein, es ist eine Feder, herausgezogen aus dem Haarschmuck eines der Traumzeit-Wesen, seine Schwester hat sie ihm aus dem Haar gestohlen, nachdem er mit ihr geschlafen hatte. Ich schaue auf diese Feder, die so schwer ist wie ein Stein, und weiß, daß ich eingesponnen bin von Geschichten, daß jeder Hang, Fels, *billabong*, jede

Höhle in dieser Landschaft etwas bedeutet, an etwas erinnert, ein Buch, das ich nicht lesen kann.

Ich sehe die »Stempel« verschwundener Hände auf der Felswand. Sie legten ihre Hand an den Stein und bliesen mit dem Mund Farbe darüber. Was blieb, war nicht ihre Hand, sondern deren Umriß, das Leere in der Mitte ist die Stelle, an der ihre Hand gelegen hat. Hunderte solcher Hände sehe ich, die in den Stein greifen, ein Bild aus einem verzweifelten Traum, Hände Ertrunkener, die Zeit war das Meer.

Im Gebiet eines jeden Clans gab es mindestens einen bestimmten Ort, an dem das Wesen seines jeweiligen Totem-Tiers »wohnte«. Spezielle Rituale mußten dort vollzogen werden, um dessen Überleben zu sichern. In Nourlangie lebte der Clan der Warramal, der verantwortlich war für das Wesen, die Lebensessenz des Flugfuchses. Bei den Zeremonien wurden alle Orte angerufen, an denen der Fuchs am Leben bleiben sollte. Der Clan zog kreuz und quer durch ein großes Gebiet, jeder einzelne unter ihnen kannte die heiligen und gefährlichen Orte aus der Zeit des Träumens, die Bedeutungen der Felsformationen, den Aufenthaltsort der Schöpfer. Alles hatte irgendeine Bedeutung, und diese Bedeutung irrlichtert hier noch immer umher, schleicht durch die undurchdringliche Landschaft, flüstert ihre Herkunft, ihre Absicht. Hier kann man nicht einfach nur sein.

Langsam gehe ich an den Zeichnungen entlang, vorbei an den Tierwesen, den vierarmigen Männern, dem ockerfarbenen Schemen eines platonischen Delphins, der für alle Delphine steht, den durchleuchteten Schildkröten und *barramundis*, dem Mythos, gemalt in anfälliger Farbe, vergängliches Relikt einer einstmals vollständigen Welt, einer Schöpfung, der nichts hatte hinzugefügt werden können mit Ausnahme ihres Untergangs – das weiße Schiff mit den gehißten Segeln, auf dem wir kamen, aus unserer ungebührlichen Ferne, das Weiß der Trauer, des Endes. Wespennester, Wasserrinnen, Regenschauer, langsam werden die Fresken verschwimmen, bis sie nur noch auf Fotos existieren, die spinnenhaften Tänzer, ausgestorbenen Tiger, der Blitzmann mit seinem Phallus, groß wie eine Schlange, die Milch in den Brüsten der Frauen, ihr Haar in fächerförmigen Frisuren, ihre rechteckigen, sanften Füße im musiklosen Tanz der Endzeit.

Wer glaubt, die Welt sei klein, muß an diesen Ort fahren. Weil ich nie mehr hierher zurückkehren werde, sehe ich mich noch einmal um, wie die Frau von Lot. Hoch und böse ragt die Felswand von Burrunguy auf, ein verschlossenes Gesicht, schwarz und orange, getrockneter Saft von einer Million fremder Früchte. Tief unten das seichte Wasser des *billabong*, die Wasservögel, und all die Bäume mit ihren Namen, eine Flüsterkampagne in Geheimsprache, Gundjeitmi, Englisch, Lateinisch, ein verhextes Rauschen von Wörtern, die im Wind mitwehen. Dann wende ich

mich nach Süden durch verdorrte Wälder mit Termitenhügeln, Bachläufen, in sich selbst gehüllten, tod-
stillen Flüssen, das Wasser glatt wie schwarzer, durchsichtiger Sirup.

An dem Tag komme ich bis Katherine, fahre zwischen den steilen, unerbittlichen Wänden der Schlucht.
Eine Erinnerung: Ich wate in einem Bach, das Wasser
geht mir nur bis zu den Knöcheln, die Sonne macht
Kupfer aus dem Sand unter meinen Füßen. Im Wasser
schwimmen die Blüten des *bloodwood tree*, kleine Scherben blutroten Blatts. Dann wird der Boden sumpfig,
düster. Ein Wallaby flitzt am Ufer entlang, die Blätter, die auf den Grund gesunken sind, haben die Farbe
von nassem Holz. In der Ferne liegt der Fluß, in den
der Bach mündet, ich sehe Kinder von den hohen
Felsen springen, aber es ist sehr weit, als gehörte ich
nicht mehr dazu, eine Welt, in der sich Menschen
in einer verblüffenden Strahlung bewegen – und ich
denke, daß auch ich so aus der Ferne beobachtet werden kann, eine Gestalt ohne Gesicht, im Wasser wa-
tend, vom Licht bombardiert. Dieses Land ist zu viel,
zu mächtig, alles, was man tut, ist, einen Ritzer zu
hinterlassen, einen Millimeter tief, man findet sich
selbst nicht mehr wieder.

Das gleiche rätselhafte Flugzeug ohne Kennzeichen,
das mir schon in Alice Springs aufgefallen ist, steht
jetzt auf dem Flughafen von Darwin, geschlossen
wie ein Tier, ein Ungetüm neben dem kleinen Ding,

in das ich einsteigen soll, eine Piper Saratoga. Wieder eine eigenartige Gesellschaft, so eine zusammengewürfelte Fünfergruppe, mit der talentierte Schriftsteller einen Roman beginnen. Ein verwöhntes Ehepaar, das Krach hat, ein pensionierter Offizier mit seiner Tochter. Wir müssen über die Tragfläche hineinklettern, ich bekomme den Platz ganz hinten, wo niemand mehr daneben paßt, die Sitzfläche berührt den Boden, ich muß zusehen, wie ich meine Beine verstaue.

Fünfzig Meilen bis nach Melville Island, über die Clarence Strait. Böse ist das Meer, wie Blei. Landepiste, Landrover, keine Straßen, nur Tracks. Es sind zwei Inseln, Bathurst und Melville, wir fahren von der einen zur anderen auf etwas, das einem Fluß gleicht, es aber nicht ist. Unser Gefährt ist ein flaches Eisenboot, eine Art Landungsfahrzeug. Merkwürdiger Tag, Mischung aus Expedition und Klassenausflug. Der Führer englisch, kurzbehost, furchterregende Knie. Er behandelt die Aborigines, die hier Tiwi heißen, mit einer irritierenden Art von Selbstgefälligkeit, der große weiße Wundermann. Seine Frau unterrichtet hier, es muß ein eigenartiges Leben sein. Die Inseln sind weitläufig, bewaldet und von nur eintausendfünfhundert Menschen bewohnt.

Er fährt uns zu einer Lichtung im Wald, einem kleinen Camp, wo zwei schwarze Großmütter uns an einem Holzkohlenfeuer *billytea* einschenken. Später eine aus Holz erbaute Schule, eine Holzkirche, eine

Figur der Heiligen Jungfrau, hier plötzlich eine fremde Göttin. Ich kaufe das Büchlein eines Missionars, der hier vierzig Jahre gelebt hat. Schwarzweißfotos, in Kohle geritzt, Geschichten aus einer früheren Welt. Als ich es später lese, denke ich, daß ich nicht hätte hinfahren dürfen, ein törichtes Exerzitium, touristisch, unsinnig. An einem solchen Fleck muß man bleiben, ein derart kurzer Besuch ist ungehörig. Und dennoch, sonst hätte ich sie nicht gesehen, die Begräbnisstätte mit den Totempfählen, die unbändigen Farben bei einigen bereits verwittert, langsam versakken sie im Waldboden. Was ist noch echt und was für uns hingestellt? Soll ich an diese echten Toten unter der Erde glauben, wenn ich eine Stunde später in einer Werkstatt stehe, wo ich einen Begräbnispfahl kaufen und »an jeden Ort der Welt« verschicken lassen kann?

Pukamani ist das Wort, das hier stets wiederkehrt. *Pukamani*, *taboo*. Wenn jemand gestorben war, mußte eine Zeremonie, ein *corroboree*, für ihn oder sie abgehalten werden, Zeichen der Trauer, der Erinnerung, Lebewohl. Beim Tod eines Vaters wird das *corroboree* von den Brüdern und engsten Cousins, zusammen mit der Witwe, geleitet.
Eine Woche nach der Beisetzung ziehen Boten aus, um mitzuteilen, daß in der Nähe des Lagers des Verstorbenen oder an dem Platz, wo er bestattet ist, ein *corroboree* stattfinden wird. Dafür wird ein Ort vor-

bereitet, und dieser Ort ist *pukamani* und heißt auch so. Angeführt wird die Zeremonie von den Stammesoberhäuptern. Die Eltern des Toten sind jetzt auch *pukamani*, und zum Zeichen dessen werden sie bemalt. Sie dürfen keine Nahrung anrühren und sich auch selbst keine zuführen, die Familie gibt ihnen zu essen und zu trinken. Das Lager, in dem der Tote gelebt hat, wird ebenfalls tabu, wer trotzdem einen Fuß hineinsetzt, wird von den Ältesten oder der Geisterwelt streng bestraft. Der gesamte Besitz des Toten wird *pukamani*, seine Waffen, die Gegenstände, aus denen er gegessen, die er zu Lebzeiten benutzt hat. Sein oder ihr Name darf von niemandem mehr ausgesprochen werden und jahrelang an niemanden weitergegeben werden, und weil ein Tiwi viele Stammesnamen hat, ist es sehr schwierig, sich für die Neugeborenen andere auszudenken. Das Singen und Tanzen beim *corroboree* dient dazu, von den Geistern Schutz vor den Toten zu erflehen. Erst nach einem Jahr und vielen Zeremonien werden alle *pukamani*-Besitztümer des Toten verbrannt.

Wir essen irgendwo im Wald, um den Landrover kauernd. Ich schaue mir die Fotos in dem kleinen Buch an, das ich gekauft habe, der erste japanische Gefangene, schwarze Nonnen, eine abgeschossene DC 3 aus dem Jahr 1942, der Mann, der vor Schreck starb, als er in Darwin sein erstes Auto sah, der Bischof mit seinem Bart, und dann später derselbe Bischof mit einem viel weißeren Bart, Brüder mit offenen australischen Gesichtern, bemalte alte Männer beim Totentanz. Die Kirche steht noch, doch Bekehrungen, meint der Führer, waren selten.

»Aber es gibt Schlimmeres«, sagt er, »irgendwann hat hier ein Weißer gelebt. Niemand wußte, wie es ihn hierhin verschlagen hatte, wahrscheinlich bei einem Schiffbruch. Die Tiwi hatten ihn schnell entdeckt, doch er wünschte keinerlei Kontakt. Er lebte vom Land und hatte einen Speer zum Fischen. *Murantani* nannten die Tiwi ihn, weißer Mann. Jahre später fanden sie ihn tot auf, angefressen von wilden Hunden. Niemand hat je erfahren, wer er war.«

Unter uns höre ich einen Wasserfall. Ein Bach, ein Tümpel, alles durchsichtig wie Glas. Ich schwimme bis hinter den harten Wasservorhang, eine kühle Geißelung. Ich bin gerade heraus, da kommt ein offener Lastwagen mit Tiwi-Kindern, sie springen mitsamt allen Kleidern von den Felsen in den Tümpel, und kurzzeitig ist es wie im Paradies, Schatten, Kühle, Kinderstimmen unter den hohen Bäumen. So muß es gewesen sein. Awungarra Tiwi, *this place, we people.* Auf der Fahrt zurück durch den Wald schweigen alle, das Leben, an dem man nicht teilhaben kann, wiegt schwer. Ich sehe halbverfallene Anpflanzungen, Ansätze von Landwirtschaft. »Gescheitert«, sagt der Führer. »Sie leben von der Regierung und ein bißchen von der Kunst und den bemalten Textilien, die sie verkaufen.«

Am späten Nachmittag erreichen wir eine andere Landepiste, ein kleines Feld. Dort steht ein Holzhäuschen mit einer Bank. Nach einer Weile hören wir das Geräusch des Flugzeugmotors und sehen, wie die Mücke zwischen dem Grau des Meeres und dem Grau der Wolken ihren gedehnten Bogen beschreibt, landet und auf uns zuhoppelt. »Wir müssen uns beeilen«, sagt der Pilot, »es gibt Sturm.«

Durch die grauen nassen Wolkenlappen sehe ich sie, Melville und Bathurst, zwei flache grüne Platten, die Schlammfarbe des Bodens, die sumpfige Küste mit Mangroven, den unscheinbaren Fleck Nguiu, die Kirche, die Werkstatt, die paar Häuser mit Wellblechdächern, die Schule, die rote Spur, die im Wald verschwindet. Die beiden Inseln sind zusammen fast fünftausend Quadratkilometer groß. Ich sehe die Begräbnisstätte im Wald wieder vor mir, die blauen Plastiklappen, die grellbunten Pfähle mit ihrer geheimen Botschaft, die schweigenden Maler in der Werkstatt, den Farbtopf mit dem provozierenden Okker, die Schulkinder auf dem schattigen Platz, die Kirche ohne Menschen, die Mädchen am Wasserfall.

Die kleine Maschine kippelt und holpert in den unsichtbaren Löchern der Luftstraße, und dann fliegen wir über dem Meer, aus dem einst, in der *palaneri*, der Traumzeit, bei Murupianga, das jetzt Cape Keith heißt, damals jedoch noch nicht existierte, Mudungkala sich aus dem Boden erhob, eine alte blinde Frau, in den Armen drei Kinder, Murupiangkala. Niemand

103

weiß, woher sie kam, niemand weiß, wohin sie ging,
doch auf Knien, die drei Kinder an sich gedrückt,
kroch sie langsam nach Norden und schuf durch das
Wasser, das hinter ihr aufsprudelte, das Strombett der
Dundas Strait. Weiter kroch sie, nach Westen, formte
die Nordküste der Insel Melville bis zum Cape van
Diemen, den Tyipripu River, die Haifischbucht, und,
die Kinder noch immer an sich gedrückt, auch die
Westküste von Bathurst bis zum Cape Fourcroy. Als
sie im Süden bei Jurubulinai angekommen war, mein-
te sie, die Insel Melville zu groß gemacht zu haben,
und kroch wieder nach Norden zurück und zog so
die Trennungslinie zwischen Bathurst und Melville,
die ich an diesem Morgen in dem flachen Eisenboot
überquert habe. Als sie fertig war, befahl sie, daß diese
kahlen Landstücke begrünt und von Tieren bewohnt
sein sollten, damit ihre Kinder immer zu essen hätten. Daraufhin kroch sie nach Süden und verschwand
außer Sicht, wie Schöpfer es nun mal tun. Kein Tiwi
hat sie je wiedergesehen.

George Chaloupka im Museum von Darwin hatte
geraten: »Wenn du im Osten bist, in Cairns, dann
geh zu Percy Trezise. Sag einfach, du kämst von mir.
Er ist einer derjenigen, die wirklich etwas von den
Aborigines verstehen. Er ist sein Leben lang mit
diesen kleinen Flugzeugen im Outback herumgeflo-
gen, und mit dem Geld, das er dabei verdient hat,
hat er bei Jowalbinna ein riesiges Stück Land gekauft.

Und er malt großartig und schreibt auch noch Bücher.«

Cairns, vor zehn Jahren noch verschlafen, platzt heute aus allen Nähten. Die Werft, das alte Hides Hotel, Palmen, Abenteurer, japanische Projektentwickler, Aborigines aus dem Norden, Ausgangsbasis zur Halbinsel Cape York, der dünnen hohen Nordspitze von Queensland, von wo aus man die Überfahrt nach Neuguinea antreten kann. Es liegt gefällig am Korallenmeer, dem mit Riffen und Inseln gespickten Vorhof des Pazifiks, schwül, tropisch, träge und nicht träge, altmodisch und nicht altmodisch, eine Stadt zwischen zwei Zeiten. Das Haus von Trezise ist eine verfallene Kolonialvilla, er selbst stämmig, stark, ungefähr sechzig.

In dem Film, den er in Quinkan Country gedreht hat, sehe ich ihn wieder mit seinem Aborigine-Freund Dick Roughsey, wie Trezise Maler. »Er hat mir sein Leben erzählt, und das habe ich aufgeschrieben. Es ist als Buch erschienen, aber ich habe es nicht mehr, und es ist nicht mehr aufzutreiben. Kein einziges meiner Bücher übrigens, außer den Kinderbüchern, die ich zusammen mit Dick gemacht habe.« Er zeigt mir einige. »Es sind Legenden und Geschichten, die Dick erzählt, und ich steuere die Illustrationen bei.« Die Bilder sind groß, weiträumige Landschaften mit Menschen darin, sehr eigenwillig und gleichzeitig undenkbar ohne die Kunst der Aborigines.

»Die Aborigines haben nie eine Chance gehabt«, sagt

er im weiteren Verlauf des Gesprächs, »der Goldrush von 1870 hat allem mit einem Schlag ein Ende gemacht. Was bleibt, sind die Felsmalereien. Ich hatte das Glück, daß ich die letzten eingeweihten Ältesten der Gugu-Yelangi und der Olcoola kennengelernt habe. 1959 wurde ein Unterschlupf aus Sandstein mit sagenhaften Malereien entdeckt. Ich bin hingefahren. Später habe ich alles Land im Umkreis gekauft, damit die Kunst nicht zerstört wird. Es ist ein Gebiet von 75 000 Quadratkilometern, aber niemand wollte damals Geld dafür investieren. Meine Söhne haben dort ein Camp eingerichtet, das wird jeden Montag mit einem kleinen Flugzeug, das uns gehört, von Cairns aus angeflogen. Es liegt in einem noch nicht ganz erkundeten Gebiet, sehr schwieriges Gelände. Dort gibt es Hunderte von Stellen mit Zeichnungen, aber wir können sie nicht alle zeigen, teilweise weil es zu schwierig ist, dort hinzukommen, und auch, um sie zu schützen. Wir führen die Exkursionsteilnehmer durch den Regenwald und die Sümpfe und zeigen ihnen auch einige der Höhlen. Es sind vier- beziehungsweise siebentägige Touren. Eine beschwerliche Sache und für viele ein eigenartiges Erlebnis, so viele Tage im Busch, aber auch unvergeßlich, und wenn man da auch nur einmal eine Nacht verbracht hat, weiß man für immer, was Stille und Sterne sind!«

Ich kann diesmal nicht mit, die Tour ist voll, ich werde allein nach Norden müssen, zudem will ich auch das Great Barrier Reef bei Port Douglas sehen. »Aber danach brauchst du einen Allradwagen, nördlich von Daintree kannst du's sonst vergessen.«

Ich sehe mir eines seiner Bilder noch einmal an. Hohe, hieratische Bäume, ein Sumpfspiegel mit Wasservögeln, in der Ferne geheime blaue Berge, der Himmel von einer Farbe, die es auf diesem Planeten nicht gibt. Ich sage etwas über Realismus oder nicht Realismus, und er antwortet mir mit einem seitdem unvergeßlichen Zitat von Ambrose Bierce: »Realism is the art of depicting nature as seen by toads.« Die Liste seiner Bücher: *Moon and Rainbow. The Autobiography of an Aboriginal; Quinkan Country. Adventures in Search of Aboriginal Cave Paintings in Cape York; Last Days of a Wilderness.* Die Autobiographie unter dem Namen von Dick Roughsey, alle von P. J. Trezise. Doch es ist, wie er gesagt hat. Als ich später in Sydney versuche, die Bücher antiquarisch aufzutreiben, werde ich jedesmal abschlägig beschieden.

Früher Morgen, Esplanade, Cairns. Die Regenfälle der Nacht haben nichts gelöst, dicke Schwüle hängt über allem. Es ist mir nicht gelungen, einen Wagen mit Allradantrieb zu mieten, aber ich will trotzdem nach Norden aufbrechen. Ich habe eine Ansichtskarte vom nördlichsten Kap gekauft, ein albernes Stück kahles Land mit hier und da ein wenig schneidendem Grün, eine Spitze, die ins Meer hinausragt, ein Stück weiter weiße Strände, auf denen niemand zu sehen ist. *Top of Australia*, steht darauf, *Cape York*. Eine Expedition dorthin dauert mindestens zehn Tage und ist allein kaum zu schaffen. Genau das aber täte ich am liebsten, ich kenne meine Absonderlichkeiten, alles muß immer auf die Spitze getrieben werden. Niederlage – diesmal wird nichts daraus, ich werde nicht weiter kommen als bis Cooktown, und selbst dorthin nicht ohne Hilfe, von Port Douglas aus werde ich mit jemandem mitfahren müssen. Das Stück von Cooktown bis Cape York ist noch eines, in das ganz England hineinpaßt, Aboriginal Land, Reservate, Regenwälder, die Straße eine befestigte Spur, die längst nicht immer befahrbar ist, das Land durchschnitten von Flüssen.

Wo ich sitze, herrscht Ebbe, die Schiffe liegen obszön an Land, so dürfte man sie eigentlich nicht sehen. Der Wind hat schwer gehaust, auf dem Gras der Esplanade liegen die Scherben von Blumen, aufgeplatzte Früchte, die verrotteten Schädel großer Nüsse, in den Tropen macht die Natur immer eine Schweinerei daraus. Ich kann fast zuschauen, wie das Blatt des Frangipani, das auf meinen Tisch geweht ist, vermodert, es wird Zeit, daß ich gehe. Im Gras liegt ein schlafender Aborigine, eine leere Bierdose in der Hand, ich erinnere mich an ein Gespräch vom vorigen Abend, in dem jemand sagte, das einzige, was man für die Aborigines tun könne, sei, dafür zu sorgen, daß Australien nicht entdeckt werde, das Unmögliche. Die Entdeckung an sich schon sei der Niedergang, und jeder, der meine, die Aborigines würden zu unserem oder ihrem eigenen Vergnügen noch ein wenig Früher spielen, sei verrückt. Dann ein betrunkener Satz: »Wir sind Zeit, und Zeit ist ansteckend«, etwas in der Art.

Der Mann mit der Bierdose ist nicht der einzige, der schläft. Auf den Bänken liegen noch ein paar verirrte Gestalten, die Hüte neben sich, kurzbehost, Surfer, Seeleute, Penner, ich weiß es nicht. Abends laufen in den Kneipen Ströme von Bier durch die Leute, keine Gesellschaft für einen Hofball.

An den darauffolgenden Tagen fahre ich durch die Berge und dann wieder entlang der Küste nach Port Douglas. Wolkenbrüche, Hotels wie Westernkulissen, Märkte, Hitze, eigenartige Siedlungen mit chinesischen *take-aways*, Pizzerien, unvorstellbare Glaubensgemeinschaften, und dann wieder nichts als Natur, die man zu Fuß durchstreifen darf, in der man für eine Weile geduldet wird, die genausogut ohne einen auskommen würde. Die Straße entlang dem Meer tut ihr möglichstes in puncto Sonnenuntergänge, ich lasse mich von der Brandung aufpeitschen, von Unwettern bedrohen, laufe stundenlang über einen sengenden Strand und studiere die Verwesung. Ich schlafe irgendwo an der Küste und sehe, wie ein Volk von Flugfüchsen sich mit seinen schwarzledernen Flügeln in die Bäume hängt, so daß man sie für Laub halten könnte, eckig, hängend, bedrohlich. Hier ist nichts einfach, zu allem gehört eine Arie, wo viel Natur ist, wird viel gestürmt, gebrannt, gefressen, gestorben, geschrien, und jeder Tag endet mit Pathos.

In Port Douglas finde ich ein abseits gelegenes Motel dicht am Meer, es liegt etwas düster unter hohen Palmen und soll in Kürze abgerissen werden. Der Inhaber ist ein Österreicher, der mich durch die selbstgewählte Isolation und eine Ausstrahlung von verdorbenem Landadel an Witold Gombrowicz[1] erinnert. Er ist hierhergekommen und geblieben; es war ein schläfriges Nest, jetzt wird es entdeckt, er will das eigentlich nicht. In meinem Zimmer wohnt ein Gecko, als ich nachts zurückkehre, sehe ich, wie sich eine Kröte in den spärlichen Wassertropfen suhlt, die aus der Klimaanlage auf den wackligen Balkon fallen. In den anderen Zimmern stieren Männer im Liegen auf den Fernseher, der an der Wand aufgehängt ist. Von Zeit zu Zeit bewegt ein heftiger Wind die Palmen im Garten, dann donnern die Kokosnüsse mit dumpfem Plopp auf den Boden, es klingt, als käme jemand ins Zimmer.

Ich esse bei einem Chinesen, lungere im Hafen herum, weiß, daß der Wendepunkt der Reise erreicht ist, und will eigentlich weder vor noch zurück; der Ort, wo ich herkomme, ist ebenso undenkbar wie der, wo ich jetzt bin, und ich beneide meinen österreichischen Gastgeber, der den Rest der Welt abgeschafft hat. Dies sind die leeren Augenblicke einer Reise, als sei die Reise selbst zu einem Loch gewor-

den, in das man fällt, lautlos, langsam, immer tiefer,
ein zähflüssiger Traum, in dem die Welt zurücktritt
und das Chaos unter der gedachten Wirklichkeit her-
vordrängt, den Schein von Ordnung durchbricht.
Mein Zimmer will nichts davon wissen. Es hat dem
Chaos alles mögliche entgegenzusetzen, ein Bett mit
einer rotbraunen Decke, die akzeptierte Form des
Fernsehers, ein Wasserglas, eine Zeitung voller Wörter. Und auch draußen tickt die Uhr der Welt weiter, die Kröte mit ihren Tropfen, der Gecko, der
möchte, daß ich das Moskitonetz beiseite schiebe,
die Brandung, die etwas mit den Kieseln und Muscheln anstellen will, der alte Mann, der das Treibholz
der Nacht unter den Touristenpalmen wegfegt, die
Frauen am Strand, die Lichter der Schiffe in der Ferne. Auf einem dieser Schiffe fahre ich zum Great
Barrier Reef, eine neuerliche Übung in Unwirk-
lichkeit. Ich sehe die verheißenen Inseln, Atolle an
mir vorüberziehen, den Regenvorhang von Cape Endeavour, wo Cooks Elend begann, als er auf das Riff
auflief, sanfte, weibliche Formen im ozeanischen Ge-
wässer.
Einige Stunden von der Küste entfernt bleiben wir
liegen, Masken werden verteilt, Schnorchel, wie eine
mißlungene Amphibie schwebe ich im grenzenlosen
Aquarium. Irgend jemand hat all diese Wesen klassifi-
ziert, das heißt, ich habe es mit einer Art von Ordnung zu tun, weiß aber nicht, ob sie das wissen. Ich
muß meine Sprache bremsen, es hat keinen Sinn, eine

orgiastische Erfahrung durch großes Sprachgetöse wie-
derzugeben, doch es stimmt, dort unten geht es um
Wollust und zudem um jene seltsame Form, die sich
in tödlicher Stille abspielt. Wedler, Schmatzer, Sau-
ger, alles pulsiert, die Fische küssen und lecken mit
ihren geschminkten Mäulern. Frauenmünder, Phalli
aus durchsichtiger violetter Gelatine, Zungen in
Schamrot, schaurig blaue Sterne mit weit gespreizten
Beinen, schmachtende Lippen, bunte Peitschen, fä-
chelnde Dessous, und immer wieder ein neues Volk
verkleideter Fische, das da herumlungert, sich – zu
Hunderten zugleich – umdreht, als wäre es ein ein-
ziger Körper, schnuppert, am glänzenden Wachs der
Organe leckt, einen ansieht, provoziert, davonwogt.
Die lebenden Gehirne der Korallen zeigen ihre in-
timsten Gedanken, und ich kann sie nicht lesen, ich
schwimme zu einer Wiese aus übertriebenem Gras
und sehe unter mir eine Tridacna. Einst, auf Borneo,
habe ich eine solche Muschel am Strand gefunden. Sie
wog ein Kilo, und ich nahm sie mit nach Hause, da
ich glaubte, es sei ein großes Exemplar. Tridacna, im
Niederländischen auch Taufbeckenmuschel genannt.
Es war eine kleine, erst später lernte ich, daß sie eine
Größe von einem Meter fünfzig erreichen kann. Auf
den Philippinen benutzt man sie in den Kirchen als
Taufbecken, daher der Name. Ihr Mantel ist in ver-
tikaler Richtung von dicken welligen Riffeln überzo-
gen, aber ich hatte bislang noch kein lebendes Exemplar gesehen, kenne nur ihr Skelett. Ihr? Wie eine

gigantische Vulva mit dicken grünsamtenen Lippen liegt sie unter mir, weil sie ein paar Dezimeter geöffnet ist, sehe ich die gespannte beige Haut in ihrem Inneren und darin eine zweite fatale Öffnung, diesmal ohne Verzierung. Ich habe den Schnorchel aus dem Mund genommen, tauche hinunter und ticke an ihre steinerne Flanke, dicht unterhalb der Gewalt ihrer Lippen, und sie reagiert, sie schließt sich, wenn auch nicht ganz. Jedesmal wenn ich tauche und sie schlage, schließt sie sich weiter, doch sie weigert sich, ganz zuzuklappen, der provozierendste beigefarbene Schimmer bleibt sichtbar zwischen dem gewölbten grünen Samt, gut für einen tonnenschweren Kuß. Ein Fisch schwimmt hinein und durch die andere Öffnung wieder hinaus, dies sind die wahren Rätsel. Ich lege sie ab in der Fabrik, in der meine Träume entstehen, und schwimme zum Schiff zurück. Eine Stunde war ich im Wasser, mein Rücken ist verbrannt, wie mit Nesseln geschlagen.

Natur, Orgie. In diesem Gebiet rührt der Regenwald an das Riff, wie Cook zu seinem Schaden feststellen mußte. Niederländer haben hier als erste den Fuß an Land gesetzt, das Schiff hieß *Duyfken*, und es war im April 1606. Ich bin von Port Douglas bis zum Daintree River gefahren, aber die Fähre geht nicht, und sowieso ist die Straße auf der anderen Seite für mein Auto unbefahrbar. Ich starre auf das reglose Fährschiff, den braunen Fluß, die Mangrovenwand am anderen Ufer. *Nothing doing*. Zurück nach Port Douglas, ich kaufe einen Platz in einem Auto von Strikey's Safari, Übernachtung in Cooktown im River oder im Gold Hotel, Rückreise übers Meer.

Mit mir fahren noch sechs weitere Leute, klotzige Kerle, Australier, ein eingewanderter melancholischer Russe. Von ihm bekomme ich eine Lektion Regenwald, und wieder ist Flirren, Freßsucht im Spiel, diesmal so klein, daß ich es nur hören, kaum sehen kann. An der dampfenden Stelle, an der wir stehen, deutet er auf das Zeugs zu meinen Füßen, das ich einfach »Boden« nenne, und sagt: »Kuck« (der russische Akzent läßt die Wörter träge explodieren) und deutet nach oben, zum dämmrigen, in sich verflochtenen Dach aus Blättern, Zweigen, Parasiten, Lianen über uns. Ein totes Blatt, angefressen vom braunen und gelben Krebs der Fäulnis, segelt herab, macht eine Drehung, einen ganz langsamen Salto mortale, und legt sich totenstill auf einen morschen Ast. »Alles fällt«, sagt er zufrieden, »es ist ein fortwährender *crash*, und über alles, was gefallen ist, kriechen Schimmelpilze, Moose, Schwämme.« Ich sehe es, Fetzen, Tücher, ausfächernde, seltsam geformte Lappen. »Was du aber nicht siehst«, sagt er, »sind die Milliarden von einzelligen Sporen. Sobald sie ausgereift sind, werden sie vom Wind verweht, von ihren eigenen explodierenden Strukturen in die Luft geschleudert, vom schweren Regen zerschlagen, oder sie bleiben an Tieren hängen und verbreiten sich so.«

»Da«, und er zeigt auf eine verschleierte Erektion, die Eichel bedeckt mit spinnwebenfeinem, krakeliertem Nesseltuch, »dieser Gestank von verwesendem Fleisch kommt von dort. Riech mal.« Ich knie mich in diese mit einemmal gefährliche Welt und schnuppere Leichengeruch. »Maiden veil«, sagt er, »stinkhorn fungus.« Jungfrauenschleier, Stinkhornpilz? »Dieser Geruch lockt die Leichenfliegen an, die glauben, hier liegt ein verwesendes Tier. Doch wenn sie den Betrug gemerkt haben, ist es schon zu spät, dann kleben die Sporen bereits an ihnen und werden so weiterverbreitet. Achte mal auf all die Schwammformen. Manche sehen aus wie Pilze, aber jetzt schau mal dort: Zungen, Hirn, Kugeln, und wenn du gut hinschaust, siehst du alle Farben, Violett, Blau, Orange. Sie breiten sich auf der vermodernden Substanz aus, auf die sie stoßen, Blätter, kranke Bäume, zerfallendes Holz, und scheiden gefräßige Enzyme aus, die das tote Material zersetzen. Davon ernähren sie sich, aber sie sorgen auch dafür, daß das tote Material immer weiter abgebaut wird, und in dem, was dann noch übrigbleibt, dem pulverisierten Zeug, dem Müll, leben die Würmer, die Springschwänze, die Schnecken.« Er kniet sich neben mich und harkt mit den Fingern alles mögliche nach oben, und alles bewegt sich. Ich sehe eine Art ganz kleiner Garnelen und merkwürdige flügellose Springtiere, die er *springtails* nennt. »Sowie sie ans Licht kommen, sind sie verschwunden, ihr Element ist die Dunkelheit. Schau, das hier haben sie kahlgefressen«, und er hält das Skelett eines Blattes ins gefilterte Licht. »Und sie selbst werden von den Afterskorpionen gefressen, den Tausendfüßlern, den Käfern, und die wiederum von Erdspinnen, echten Skorpionen, Kröten, Eidechsen. Und dann kann der große Tanz beginnen, und an dessen Ende stehen wir selbst. Wenn du das hören könntest, der Lärm würde dich umbringen. Mord und Totschlag pur«, und ich stelle mir vor, ich könnte es hören, das Mahlen all dieser zerstörerischen Kiefer, die Melodie des ewigen Totentanzes, bei dem die kleineren Tänzer von jeweils einem größeren gefressen werden, der seinerseits wieder ein kleinerer für den nächstfolgenden größeren ist.

Später, als wir zu zweit auf einem großen, runden Felsen in einem Fluß sitzen, unsere holländischen und russischen Füße im kühlen, schnell fließenden Wasser, sprechen wir über die Australier. Unsere Reisegefährten sind von gutmütigem Naturell, offen, hilfsbereit, ab und an wird gesungen, jeder hilft beim Feuermachen, Kochen, Abwaschen, Müllwegräumen, doch wenn es, selten genug, um die Aborigines geht, wenn Strikey, ein Rauhbein mit dem Aussehen eines Seeräubers, etwas von Felszeichnungen sagt oder von heiligen Orten oder von Steinen, die wir nicht anfassen dürften, weil sie »für die Leute in der Wujal Wujal Mission« eine besondere Bedeutung hätten, scheint es, als würden sie kurz zusammenzucken. Sie schweigen, oder es kommen scherzende ganz oder halb rassistische Bemerkungen. »Ich weiß nicht, ob sie es tatsächlich so meinen«, sagt der Russe, »aber das ist typisch für viele Leute hier. Sie verstehen es einfach nicht. Es sind Leute, die nicht studiert haben, sie haben ihr Leben lang malocht, denn dies hier ist eine harte Gesellschaft. Jetzt machen sie, vielleicht zum erstenmal, eine Reise in den Norden, doch was sie hier über die Aborigines hören, stimmt nicht mit dem überein, was sie zu Hause, in den Städten, aus denen sie kommen, von ihnen sehen. Sie sind an Menschen gewöhnt, die ihren Weg in der Welt verloren haben, oft vom eigenen Volk ausgestoßen sind, Arbeitslose, die von der Fürsorge leben, häufig betrunken sind. Sie können das nicht mit dem vereinbaren, was sie im Fernsehen über Felsmalereien, Schöpfungsmythen, heilige Orte sehen. Das klingt nach Kirche, bestenfalls sind es Märchen für sie, mit denen man nicht weiterkommt. In ihren Augen leben die Aborigines einfach von unseren Steuergeldern, und diese Geschichte mit ihrer besonderen Kultur ist für sie ein gigantischer ›Betrug‹, und die Tatsache, daß Leute aus aller Welt kommen, um sie sich anzusehen, und die Meinung vertreten, die Australier hätten diese Menschen schändlich behandelt, ergibt eine Mischung aus Argwohn, Scham und Verärgerung, die erst so richtig herauskommt, wenn sie unter sich sind. Eigentlich sind sie ganz einfach der Meinung, daß die Aborigines *verloren* haben und sich nun eben anpassen müssen. Aber da gibt es nicht viel anzupassen, es sind unvereinbare Welten, dazu verdammt, einander nie zu verstehen.«

Nach der beschwerlichen Fahrt ist Cooktown eine Erlösung. Ich steige allein zum Grassy Hill hinauf und blicke von der Stelle, von der aus Cook das 1770 ebenfalls tat, auf die Landschaft, den Fluß, der nach seinem Schiff *Endeavour* benannt ist, das Riff, an dem es leckgeschlagen war und aus dem er auf seinem Weg nach Timor einen Ausweg finden mußte. Den Ort, den ich sehe und der nach ihm benannt ist, gab es damals noch nicht. Hier sah er seine ersten Aborigines, vom Stamm der Kokobothan, dessen Nachfahren die ersten Goldsucher, die 1873 hierherkamen, mit ihren Holzspeeren, ihren *woomeras*, ihren *nulla nullas*, bekämpfen sollten.

Jetzt liegt alles verschlafen da, Häuser aus Holz, bleierne Bucht, leerer Fluß, grauer Himmel. Ein einziges kleines Flugzeug, undurchdringlicher Sumpf, schwitzendes Buschland. Der Goldrausch kam und ging, zweimal wurde Cooktown von einem Zyklon zerstört, einmal von Feuer, die Eisenbahnlinie, mit der so hoffnungsvoll begonnen wurde, kam nie weiter als bis Laura, die Menschen zogen fort, der Ort verkam zu einem einsamen Außenposten mit einer Bootsverbindung alle zwei Wochen.

Am nächsten Tag studiere ich die Namen auf den Gräbern, in dem kleinen Museum sehe ich die der Zeit gestohlenen, von der Zeit versengten Fotos, den alten Goldsucher, das Wasserflugzeug von 1932, die Männer ohne Gesicht aus einem früheren Jahrhundert auf dem Anlegesteg ohne Schiff, das hölzerne Viadukt in den verschwommenen Bäumen des Dschungels anno 1894, Kinder mit Strohhüten, Weihnachten 1907, den Regierungsschoner *Pilot*, der im Zyklon desselben Jahres mit Mann und Maus unterging, die erste Schlachterei in Ebagoolah mit drei augenlosen Reitern mit Gewehren, 1900, das Grab von Mrs. Watson, die mit ihrem kleinen Kind und einem chinesischen Diener auf der Flucht vor *the natives* in einem Wassertank auf dem Meer trieb und verdurstete und ein grauenvolles Tagebuch hinterließ, Inspector O'Connor mit fünf Aboriginal Troopers, die 1880 eine Verbrecherbande aufspüren mußten, und Jim MacDowell, der in seinem Leben 144 300 Meilen zu Pferde zurücklegte, um die Post auszutragen, und 1951 tot neben seinem letzten Pferd gefunden wurde, die Erinnerungen und Legenden eines entlegenen Winkels der Erde.

Am nächsten Tag fahre ich mittags gen Süden. Wieder sehe ich Cape Endeavour, das geschlossene Land in Regenschleiern, eine verzauberte Welt, in der die Berge Wolken werden und die Wolken Berge.

März 1990

1 Witold Gombrowicz (1904-1969): polnischer Schriftsteller, lebte
   lange Jahre in Argentinien und stand der Literatur und Philoso-
   phie der Existentialisten nahe.

Die Engel von Perth –
Ein Mysterienspiel im Jahr 2000

Wann habe ich zuletzt über Engel nachgedacht? Oder habe ich nie wirklich über sie nachgedacht, weil ich sie schon von Kindesbeinen an gesehen habe? Überall waren sie, in Gebetbüchern, auf Bleiglasfenstern, wenn man katholisch erzogen wurde, konnte man ihnen nicht entrinnen. Ein Engel verkündete Maria, daß sie die Mutter Gottes werde, ein Engel mit flammendem Schwert jagte Adam und Eva aus dem Paradies, Luzifer ist ein gefallener Engel, und man selbst wurde, wenn alles seine Richtigkeit hatte, von einem Schutzengel geleitet, der einen vor allem möglichen Unheil behüten sollte. Engel, so lernte man auch noch, gab es in verschiedenen Sorten: Seraphim und Cherubim, Throne und Mächte, gewöhnliche Engel und Erzengel. Dem Gefühl nach waren es Männer, allerdings Männer in mehr oder weniger weiblichen Gewändern, auf eine geheimnisvolle Weise nie alt (ein fünfzigjähriger Engel wäre etwas Undenkbares), sie hatten eher Locken als Haare, keine Schuhe, Brillen natürlich schon gar nicht, wohl aber diese eigentümliche anatomische Zugabe: Flügel.

Es gibt immer einen Moment, da etwas ganz Alltägliches plötzlich rätselhaft wird, eine Rätselhaftigkeit, der man nur mit dummen Fragen beikommen kann.

Hat jemand je das Skelett eines Engels gesehen? Hat jemand je versucht, es zu zeichnen? Ich könnte mir vorstellen, daß Leonardo da Vinci, der sich so für die Technik des Fliegens interessierte, es versucht hat. Wie sind diese Flügel nun eigentlich anatomisch am Körper befestigt? Engel sind imaginäre Wesen, was allerdings noch nie jemanden daran gehindert hat, sie darzustellen – den Luftraum könnte man verdüstern mit all den Engeln von Raffael, Botticelli, Giotto, Fra Angelico, Rubens, Rembrandt, Zurbarán. Ich erinnere mich an die *Grablegung der heiligen Katharina*, gemalt von letzterem: Zwei riesige, sehr männliche Engel, die den in ein seidenes Totenhemd gehüllten Leichnam der Heiligen an dem grauenvollen messerbewehrten Martergerät vorbeibugsieren, auf dem sie gerädert worden ist; unwillkürlich stellt man sich dabei ihr heftiges Flügelgeflappe vor – sie dürfen das Gleichgewicht nicht verlieren und sich in dem kleinen Raum gegenseitig nicht behindern –, und plötzlich möchte man wissen, welcher Art diese Federn nun eigentlich sind und wie so ein Engel im Fluge aussähe, wieviel Luft er verdrängt mit seinen mannsgroßen Flügeln: Rätsel, die sowohl etwas mit Heiligkeit als auch mit Aerodynamik zu tun haben und die sich mir diese Woche in einem entlegenen Winkel Australiens mit aller Macht wieder aufdrängten, hatte ich doch an einem einzigen Nachmittag zwölf Engel gesehen, von denen sieben oder acht eindeutig Flügel besaßen.

Perth liegt im Südwesten Australiens, die nächstgelegene Großstadt ist das mehrere Tausend Kilometer entfernte Adelaide; will man auf dem Landweg dorthin, muß man in großem Bogen am Meer entlang oder durch eine sengende Wüste fahren. Melbourne, Sydney und Brisbane liegen einen ganzen Kontinent entfernt, und das rückt Perth in so etwas wie eine – ganz wörtlich – Ausnahmeposition, es ist die Hauptstadt Westaustraliens, gehört aber auch ein Stück weit *nicht* dazu; es liegt in ansprechender Lage an einem großen Fluß, der, kurz bevor er ins Meer mündet, noch einen wollüstigen Schlenker macht; es hat mit Hilfe etlicher Wolkenkratzer, die aussehen wie Wolkenkratzer, den Versuch unternommen, den Anblick einer richtigen Großstadt zu bieten; es ist angenehm dort, ein wenig englisch und ein wenig tropisch, mit viel Grün und weitläufigen Parks und Vororten mit niedrigen Häusern in blumenreichen Gärten, alles sehr wohltuend in einer Hitze, die das Tempo mäßigt – alles in allem nicht eben ein Ort, an dem man zu Beginn des dritten Jahrtausends Engel erwarten würde. Doch ich hatte ohnehin eine merkwürdige Woche hinter mir, der Sprung von der eisigen Kälte in den Niederlanden in die Tropen und die Heiligkeit Balis und von dort zu den penibel gepflegten angelsächsischen Parks des australischen Kontinents, wo jedoch, sobald man die Städte verläßt, eine geheimnisvolle Wildheit herrscht, die man so nirgendwo sonst findet.

Ich war in Perth zu einem Literaturfestival eingeladen, das seinerseits wiederum Teil eines größeren Events mit Ausstellungen und internationalem Theater war.[1] Ich hatte einen grauenvollen italienischen *Julius Caesar* von Romeo Castellucci gesehen, in dem Caesar nicht einfach mit zwölf Messerstichen ermordet wurde, sondern nach den Riten des postmodernen romanischen Unfugs als verblödeter, einer geriatrischen Pornozeitschrift entsprungener nackter Greis, mit Elektrokabeln festgebunden, begleitet von buchstäblich ohrenzerfetzender elektronischer Musik. Das alles in einem Tempo, als wäre Sand im Getriebe, und vor kriegsfarbener Kulisse, geklaut von Anselm Kiefer. Das einzige, was Bestand hatte, war der Text Shakespeares, der vom Geschehen unbehelligt einfach weiterlief – meisterhaft. Auch von Strindberg am nächsten Abend blieb nicht mehr viel übrig. Bob Wilson war mit dem *Traumspiel* ganz eigene Wege gegangen und hatte eine statische, glänzend dargestellte Serie von etwas auf die Bühne gebracht, was noch am ehesten Tableaux vivants glich – alles wunderbar, aber wo war Strindbergs esoterische Bärbeißigkeit geblieben, was soll ich davon halten, wenn seine hysterische Ungereimtheit von drei Herren verkörpert wird, die zur rhythmischen Begleitung mechanischer Geräuscheffekte ein paar riesige Plastikkühe melken? Shakespeare und Strindberg werden es überleben, doch die gierige Armut, mit der Theatermacher Texte plündern, weglassen oder hinzufügen, ist unerträglich. Der Trost der Woche waren das Nederlands Dans Theater und die vier (!) Abende dauernde Chinesische Oper, *The Peony Pavilion*, eine epische Liebesgeschichte aus dem 16. Jahrhundert mit 25 Darstellern in 160 Rollen, 550 Kostümen, echten schnatternden Enten im Teich rund um den Pavillon und einem apotheotischen Happy-End, in dem das Gute über das Böse siegt. Das alles mit Kopfstimmen und Instrumenten aus einer anderen Welt, ein Traumbild, das mich noch umfing, als ich mich tags danach auf die Suche nach den Engeln begab.

Wie macht man so etwas? Mir war gesagt worden, ich hätte mich – allein – um 14:40 Uhr im zehnten Stock von Wilson's Parkhaus in der Hay Street einzufinden und dann einer festgelegten Wegstrecke zu folgen. Hochsommer, glühende Hitze, 40 Grad, und Parkhäuser sind nicht meine favorisierten Architekturobjekte. Doch da stand ich, auf dem Dach, Perth auf allen Seiten unter mir, der Swan River, der Indische Ozean, von dem aus Niederländer den ersten fremden Blick auf diesen Kontinent geworfen hatten und schon bald enttäuscht abgezogen waren. Kein Gold, kein Muskat, merkwürdige Tiere, und der Empfang auch sonst nicht gerade freundlich. Ich traf es besser. Ein junger Mann schien zu erraten, weswegen ich hier war, und überreichte mir ein Büchlein, in dem der Weg, dem ich zu folgen hatte, beschrieben war. Drei Stunden würde ich mindestens brauchen, sagte er und übergab mich einem dunklen Jungen, der mich mit dem Auto zu einer alten Kaserne bringen sollte und die Gelegenheit nutzte, mich zu fragen, ob er die Einladung annehmen solle, ein halbes Jahr in Brüssel bei jemandem zu wohnen, den er nicht besonders mochte. Unbedingt, sagte ich stellvertretend für ihn entschlossen und stieg vor einem Backsteingebäude aus, wo mir ein schweigender Mann die Tür aufhielt und mich dann allein ließ. Ein staubiges Treppenhaus, herumliegender Mist auf dem Flur, hereingewehte vertrocknete Eukalyptusblätter, alte Zeitungen, die Treppenstufen rotbraun gestrichen. Stille. Ein leerer Raum, ein aufgeschlagener Schlafsack, ein paar Fotos auf einer Fensterbank. Bedeutet das etwas? Folge ich einer Spur? Ein undeutlicher Plan, ich kann nicht erkennen, wovon. Luftaufnahmen. Spinnweben. Von draußen das Geräusch des Highways. Hier sechsspurig, das sehe ich durch ein schmutziges Fenster. Wo kommen die ganzen Autos her? So groß ist Perth nun auch wieder nicht. Ich höre meine eigenen Schritte. Wenn es hier etwas gibt, was ich hätte sehen sollen, dann habe ich es *über*sehen. Als ich wieder im Freien bin, lese ich die Bronzeplakette: *Dies war von 1863 bis 1966 ein British military establishment.* Nur das Tor steht noch, der Rest wurde abgerissen für den Mitchell Highway. Alles muß verschwinden, auch hier. Ich überquere die Straße und nähere mich einem merkwürdigen kleinen Standbild, einem Mann mit Schirmmütze, jemand, der in einer bereits vergessenen Zeit etwas mit Fotos und Zeitungen zu tun hatte. Darunter ein erhabener Text: *Only with hindsight can the future be lucidly inhabited*, aber das gilt meiner Meinung nach noch mehr für jene hinfällige Form der Zukunft, die wir Gegenwart nennen. *Hindsight* (nachträgliche Einsicht, späteres besseres Wissen), großartig, daß man für so einen komplexen Zusammenhang nur *ein* Wort benötigt. Die heutige Wirklichkeit sei einst prophetische Vorstellung gewesen, steht auch noch da, doch auch das bezweifle ich, und außerdem ist es zu heiß und ich stehe vor der Kirche Christ Scientist. Wann gibt es die erste Kirche für Albert Einstein? Jetzt muß ich vom Barracks Arch nach links den Hügel hinuntergehen bis 240 St. George's Terrace, einfach wie ein Fußgänger unter Fußgängern, keiner kann mir etwas ansehen. Links und rechts sehr hohe Gebäude. Auf einmal ist hier alles mögliche zu sehen, woran ich sonst keinen Blick verschwendet hätte. Ein kahler Raum mit leicht entstellten Aufschriften. *Anne in which corner are you? Etiam ne nescis?* Ein Haufen alter Blätter, Speichen, ein Torbogen, eine geschlossene Metalltür und dann plötzlich, von einem Gitterzaun herabhängend, ein paar Strophen aus Miltons *Paradise Lost*. Adam und Eva, die vom Engel gerade aus dem Paradies vertrieben worden sind und sich noch einmal umsehen:

> *In either hand the hast'ning Angel caught*
> *Our lingring Parents, and to th'Eastern Gate*

Led them direct, and down the Cliff as fast
To the subjected Plain; then disappeared ...

Und das stimmt, vor mir liegt ein armseliges Stück
Niemandsland mit einem alten verrosteten Kühlschrank, toten Ästen, Sand, Unkraut, einer nackten
Betonmauer, und hinter mir ist es auch nicht viel
besser, ein Loch, wo es einmal einen Lift gegeben
hat, tote Stromkabel, die aus der Wand hängen, ge-
storbene Energie – und nirgends ein Engel. Das Ver-
lorene Paradies. Ich habe das Gefühl, beobachtet zu
werden, schaue, ob ich irgendwo eine Videokamera
sehe, aber nichts, ich muß aufgeben oder der vorge-
gebenen Strecke weiter folgen: »Geh zum Paragon
Foyer, nimm den Fahrstuhl zur Ebene 5, geh die
Treppe hinauf zur Ebene 6.« Leer ist es da, eine ge-
räumte Büroetage, Staub auf dem Fußboden, Me-
tallschränke in Reih und Glied, eineinhalb Meter
auseinander, 29 zähle ich. In dieser Leere, so pla-
ziert, daß sie füreinander unsichtbar sind, zwei Kä-
fige mit jeweils zwei Vögeln. Daran ein halb abge-
rissenes Schild, auf dem nichts steht. Die Vögel und
ich schauen einander an, wie das eben so geht zwischen Menschen und Tieren, der sinnlose Blick des
unüberbrückbaren Raums. Dann gehe ich wieder hinaus an etwas vorbei, das mal eine Küche war oder
hätte sein können, steige die Metalltreppe hinauf,
höre, wie hohl das klingt, komme wieder in so einen
leeren Raum, statt Schränken diesmal ein riesiger

Metallkasten voller Bücher mit Gott und Heiligen im Titel, katholisches Leben aus vergangenen Zeiten. Ein Stück weiter ein anderer Kasten voll weißer Federn, Daunen, Engel müssen doch irgendwo beginnen, jemand hat einen Kissenbezug mit lauter Putti leergeschüttelt. Als ich den Raum verlasse, wird mir ein Zettel in die Hand gedrückt: *En route to Bank West Please Call in at the Hay Street Shop, between Croissant Express and Ecucina Café*. Das tue ich, jetzt bin ich ganz in der Nähe meines Hotels, doch auf einmal sieht alles anders aus, ich darf kein normaler Passant sein, sondern sehe mich schreiben auf einer Videokamera, unangenehm. *Take an apple*, steht da einladend. Eine Kiste voll. Ich fühle mich wie Eva und nehme einen, nach mir die Sintflut. Im Gebäude der Bank West ist es sehr kühl, diese plötzliche Klimaanlagenkälte in den Tropen, ein Mädchen in Blau erhebt sich und nimmt mich fast an die Hand. Am Lift drückt sie auf 46. Die Männer in weißen Hemden, die unterwegs einsteigen, haben nichts mit dem Projekt zu tun, doch als ich oben ankomme, erhebt sich ein ähnlicher Mann hinter seinem Schreibtisch, öffnet eine Tür und schließt sie wieder hinter mir, ich stehe allein in einem Direktorenzimmer und höre das Geräusch eines überquellenden Faxgeräts, endlose weiße Papierschlangen. Als ich eine davon hochhebe, sehe ich wieder die Verse aus *Paradise Lost*. Auf einem Tisch liegen Mappen mit Projekten, der Text auf dem Laptopbildschirm verspringt und sagt: *If you*

*will come I will put out fresh pillows for you, this room and
this springtime contain only you,* und geht dann über
in die Hierarchie des Engelreichs, *Archangels, Powers,
Virtues: . . . come soon, Death is demanding: we have much
to atone for before little by little we begin to taste of eternity.
In a bed of roses the Seraphim slumber . . .,* und noch immer nicht nach Ewigkeit schmeckend, stehe ich am
Fenster und sehe den endlosen Autostrom auf dem
Freeway. Als ich den Raum verlasse, stoße ich plötzlich auf den irischen Schriftsteller Colm Toibin. So
kann das nicht gemeint sein. Wir sehen uns schuld-
bewußt an und legen gleichzeitig den Finger auf die
Lippen. Er geht in den Raum hinein, den ich gerade
verlassen habe, ich gehe wieder nach unten, ins Freie,
durch eine andere Drehtür in einen anderen Marmor-
raum. Ein Mädchen in einem engen grauen Kleid.
Wieder ein Lift, wieder hinauf in die Lüfte, wieder
Perth zu meinen Füßen mit den anheimelnden alten
englischen Flachbauten und den Wolkenkratzern, die
mich von allen Seiten her anstarren, aber auch eine
schöne Frau in langem Rock, die meinem Blick aus-
weicht. Ist das ein Engel? Sie geht umher, als gehöre
ihr dieser Raum, jongliert ein bißchen mit ihrer Pla-
stikwasserflasche herum, schaut weg über die Hügel und das Meer in der Ferne, und plötzlich wird
mir das Absurde der Situation bewußt. Mit welchem
Recht bin ich hier, was mache ich hier, in dieser leeren Büroetage voll flacher Kästen mit Primeln, inspi-
ziere ich leerstehende Immobilien, warum lasse ich

mich an diesen unsichtbaren Fäden führen? Aber ich habe damit begonnen und will jetzt nicht mehr aufhören – und werde belohnt: In der niedrigen, etwas einfältigen, verzwergten Kirche, an der ich jeden Tag vorbeikomme, sehe ich im Chor die beiden ersten echten Engel ein Stück voneinander entfernt sitzen. Zweifelsohne, das sind Männer, aber mit Flügeln. Ich sitze in dem gedämpften Bleiglaslicht, starre auf die Engel, und die Engel starren zurück, niemand sagt etwas, wenngleich ich überzeugt bin, daß diese Engel englisch sprechen. Sie ordnen etwas an ihren Flügeln, wie Spatzen oder Schwäne es tun, und nach einer Weile gehe ich eben wieder hinaus, in die Shopping Mall, durch die ich schon hundertmal gegangen bin, nur muß ich diesmal in eine enge Sackgasse abbiegen, die auf einem Innenhof mit turmhohen Müllcontainern endet. Über einem dieser Container steht das unscheinbarste Memento, das ich kenne – in Plastik: *Harry Lesters Corner, erected in recognition for his dedicated service, 31. 12. 96.* Nie hätte ich es gesehen, wäre ich nicht auf dieser Suche hierher geschickt worden, und während ich das denke, sehe ich plötzlich meinen dritten Engel, einen Mann mit kurzem Haar hinter Eisendrahtgeflecht, ein himmlischer Gefangener in einem heruntergekommenen Raum voller Pappkartons. Er hockt auf den Fersen, und wieder ist da dieses schweigende Vis-à-vis, noch schlimmer als bei den Vögeln. Fünf weitere Engel werde ich an diesem Nachmittag sehen, einen asiatischen, der in einer leeren Badewanne hockt, ein schwarzes Mädchen mit sehr kleinen Flügeln, das, so lange ich auch stehenbleibe, mit zur Wand gekehrtem Gesicht totenstill auf dem Boden eines Schrankes liegenbleibt. Zwei Stunden bin ich bereits unterwegs, betrete einen Raum nach dem anderen, sehe einen gelähmten Engel im Rollstuhl, ohne Flügel, der still über die Stadt blickt, die ich mittlerweile gut von oben kenne, zwei dunkle Frauen auf einer Fensterbank, die durch ihre Körperhaltung anzeigen, daß sie eigentlich Flügel haben, einen liegenden Mann, über den ich um ein Haar stolpere, die entwaffnenden nackten Füße übereinandergelegt, die weißen Flügel auf dem schmutziggrauen Teppichboden ausgebreitet. In einem fort werden mir Hinweise gereicht, Zeichen, Texte, *I am deeply sorry for any pain you may be feeling due to my thoughtless behaviour, please call*, bloß wen und wo? Die Botschaft ist ebenso sinnvoll wie die Schublade mit Federn, die vergilbte Ausgabe des *West Australian* von Montag, dem 19. September 1983, der Rosenkranz von Ethelbert Nevin, die rosafarbenen Schnipsel, das mit weißem Salz bestreute Dach, das ich unter mir sehe und auf dem ich kurz darauf selbst herumgehe. Ich bücke mich, schmecke, und ja, es ist echtes Salz, das aussieht wie harter Schnee. Von hier oben sehe ich die Räume, in denen ich an diesem Nachmittag gewesen bin, die Wolkenkratzer über mir, die Kirche unter mir, aber es ist noch nicht zu Ende, ich muß aufhören, wo ich begonnen habe, und wieder stehe ich in der zehnten Etage des Parkhauses. Diesmal erwartet mich ein anderer junger Mann. Er fragt mich, wie ich es gefunden hätte, und ich sage, gut, aber nun sei ich müde, und dann sagt er, aber es ist noch nicht zu Ende, und während ich aus dieser Höhe langsam den Horizont entlangschaue, sehe ich auf dem Dach von Her Majesty's Theatre in der Ferne einen Engel mit sehr langen schwarzen Flügeln. Auf diese Entfernung kann ich sein Gesicht nicht erkennen, sehe jedoch an seiner Haltung, daß er mich sieht, und da drehe ich mich um, mit einemmal entzaubert, einfach jemand, der einen Fahrstuhl betritt, der vielleicht gerade sein Auto geparkt hat, der nichts von dem Heer der Engel weiß, das diese Stadt besetzt hat, die für mich nie mehr dieselbe Stadt sein kann. Jemand hat etwas an der sichtbaren Wirklichkeit verschoben, auf den salzverschneiten Dächern über mir, hinter allen rechteckigen Spiegelglasfronten der Bürogebäude können Engel sitzen, Boten des Unsichtbaren, die eine Stadt in ein Gedicht zu verwandeln vermögen.

2000

1 Literaturfestival: Im Februar 2000 fand in Perth das International Arts Festival statt, zu dem Cees Nooteboom als Autor geladen war; neben einem Literatur- und Theaterfestival mit zahlreichen Veranstaltungen umfaßte es auch das von der britischen Theaterregisseurin Debora Warner konzipierte, in London uraufgeführte und für Perth erweiterte Angel Project, eine um die Erscheinung von Engeln inszenierte Wanderung zu entlegenen städtischen Orten; ein weiteres Mal fand das Angel Project 2003 in New York statt.

Trockene Flüsse, tote Gesänge

Aus dem Roman *Paradies verloren*

Mein Australien war eine Fiktion, eine Flucht, das wußte ich schon im Moment der Ankunft. Ich war ausgelaugt vom langen Flug und hatte Angst. Almut hatte durchgehend geschlafen, den schweren Kopf die meiste Zeit auf meiner Schulter, doch jetzt wurde sie wach, zog mich am Arm, wollte, daß ich mir den Orion anschaute, der hier schief am Himmel hing, ein gestrauchelter Jäger. Ich spürte, wie sie vor Aufregung zitterte. Das war immer schon der Unterschied zwischen uns. Bei Veränderungen schrumpfte ich, und sie dehnte sich aus. Sie strömte förmlich über, es war physisch spürbar, es schien, als könne sie die Landung nicht erwarten, wolle vorausfliegen und mich mitreißen.

Sogar die Ankunft auf dem Flughafen war für sie keine Enttäuschung, sie schien den gräßlichen Lysolgeruch nicht zu bemerken, der zu englischen Flughäfen gehört und in gar keiner Weise ein Vorbote des Traumlandes sein konnte, das wir uns einst, vor so langer Zeit, in unseren Zimmern in São Paulo ausgedacht hatten. Dies hier war das Land der Sieger, ich hörte ihre harte, geknödelte Sprache, die all die anderen Sprachen verjagt hatte, wußte, daß ich einen fatalen Irrtum begangen hatte, ein Gefühl, das erst nach ein paar Tagen schwinden sollte. Bei Almut war es umgekehrt. Sie war anfangs euphorisch und blieb es die ersten Wochen. Wir hatten eine Art Hippiehotel gefunden, wo wir selbst kochen konnten. Eine Arbeitsgenehmigung besaßen wir nicht, aber das war kein Problem. Schon in der ersten Woche hatte sie einen Job bei einem sogenannten Physiotherapeuten, aber darunter sollte ich mir nichts Großartiges vorstellen. »Ich bin für den Placeboeffekt da, alte Damen mit Arthrose und junge Kerle, die sich beim Windsurfen was gezerrt haben. Mein Gott, haben *die* Körper, das nimmt kein Ende. Und du darfst keinen Muskel vergessen, ich habe noch nie so viel Fleisch gesehen, wenn du das essen müßtest, dein Cholesterinspiegel würde in die Höhe schießen. Und ihre Libido haben sie auch nicht daheim gelassen, die steht einfach in einem Glas neben ihnen, aber davon lasse ich die Finger.«

Ein paar Wochen später hatte sie die Finger doch nicht davon gelassen und war gefeuert worden.
»Wie kannst du nur so blöd sein?«
Sie zuckte mit den Achseln. »Brasilianisch, oder? Es steckt zwar nicht in meinen Genen, aber etwas habe ich doch davon mitbekommen. Und ich finde sie so rührend. Diese riesigen Körper, und sie wissen nicht ein noch aus damit. Die reinsten Bauwerke, jetzt kapiere ich, woher das Wort Bodybuilder kommt. Sur-

fen, Rugby, Cross-Country durch die Wüste, halbe
Büffel auf den Grill wuchten, aber *sophistication pouco*,
habe ich jedenfalls noch nirgends gefunden. Und er
war so atemberaubend groß, das war kein Mann mehr,
sondern ein Phallussymbol, den hätte man ohne weiteres in einen Shiva-Tempel setzen können, das ganze Dorf wäre gekommen und hätte ihm geopfert.
Und dann auch noch große blaue Augen, die sagen, Mammi, hilf mir doch, plus einen Urwaldschrei
gratis dazu, ich hab mich zu Tode erschrocken. Tja,
dann kommt eben der Chef reingerannt und du hast
ein Problem. Dieser gräßliche verkniffene Mund,
Königin Victoria wiedergeboren. Mein Gott, was
für eine englische Zicke: ›Oh Miss Kopp, I dare say,
this is a decent establishment.‹ Aber ich habe wieder einen für mein Tagebuch. Und was machen wir
jetzt?«
Es regnete. Ich hatte einen Job in einem Strandlokal,
aber sie hatten angerufen, ich bräuchte nicht zu kommen. Das war der Deal. Bei Regen keine Arbeit, ohne
Arbeit kein Geld. *Fair enough.*
»Weißt du noch, weswegen wir hergekommen sind?«
fragte Almut.
Ich wußte es. Wir waren gekommen, um den Sickness
Dreaming Place zu besuchen, aber darüber hatten wir
nie mehr gesprochen. Und über den anderen Grund
auch nicht. Wir konnten schwerlich sagen, daß wir
nach Australien gekommen waren, um Aborigines zu
sehen, nicht einmal zueinander.

Als errate sie, was ich dachte, sagte Almut: »Weißt du noch, wie wir uns Australien vorgestellt haben? Wie wir die Traumzeit suchen wollten? Ich habe noch niemanden getroffen, der dem ähnelte, was wir damals geträumt haben. Es gibt sie nicht. Jedenfalls bin ich ihnen nicht begegnet. Das einzige, was ich gesehen habe, war ein Haufen verlorener Seelen in einem Park.«

»Das ist nichts Neues, das wußtest du schon.«

»Ja, aber nicht, daß es so aussehen würde. Wie ein Konzentrationslager ohne Gitter. Du riechst das Bier auf zehn Meter.«

»Du hörst dich an wie ein Australier. Ich habe das schon hundertmal gehört. Bei mir im Strandlokal gibt es zwei.«

»In der Küche, ja. Zum Abwaschen. Und um den Müll wegzubringen.«

»Es sind nette Jungs.«

»Aber klar doch. Hast du mit ihnen gesprochen? Hast du gefragt, wo sie herkommen?«

Aber ich hatte nicht mit ihnen gesprochen. Oder, besser gesagt, sie hatten nicht mit mir gesprochen. Am meisten aufgefallen war mir ihr Gang, aber das läßt sich nur schwer erklären. Schief ist nicht das richtige Wort, aber so ähnlich. Sie schoben sich auf diesen langen, dünnen Beinen durch den Raum, an denen die Knie ein Stück vorstanden. Sie gingen, als wären sie nicht wirklich da. Es war auch keine Hilfe, daß sie einen nicht ansahen. Ich weiß nicht, ob scheu das richtige Wort ist, jedenfalls war es nie zu einem richtigen Gespräch gekommen. Die übrigen Angestellten gaben sich gar nicht erst Mühe. Als ich das Thema einmal gegenüber einem der Köche, einem Werkstudenten, anschnitt, hatte er gesagt: »Du projizierst da zuviel hinein. Ihr Ausländer stellt euch alles mögliche darunter vor. Die Hälfte von dem, was ihr lest, ist Fake. Diese Welt gibt es nicht mehr. Die, die du hier siehst, sind zwischen zwei Stühle gefallen, und sie werden ganz allein wieder aufstehen müssen. Diese ganzen Geschichten über heiligen Boden, die sind natürlich toll, aber was soll man jetzt tun? Ich geb ja gern zu, es ist schrecklich, was alles passiert ist, aber noch einmal, was soll man jetzt tun? Oder besser gesagt, was sollen sie jetzt tun? Zu deinem Vergnügen ihre Körper bemalen? So tun, als wären wir nie gekommen? Sie haben verloren. Das mag empörend sein, aber was sollen wir machen? Bußgeld bezahlen, einen Bogen um die heiligen Orte machen, auch wenn Uran darunter liegt? Dies ist das einundzwanzigste Jahrhundert. Wart's ab, bis du mal in so ein Reservat kommst, da wird ein Museumsleben aufgeführt, du kannst eine Zeitreise machen, aber nur gegen Bezahlung. Sofern du überhaupt reindarfst. Davor habe ich komischerweise noch am meisten Respekt, wenn sie sagen: Ihr könnt uns mal, bleibt draußen. Da sitzen sie dann und schmoren in ihrem Sandkasten, tausend Kilometer von allem entfernt, und tun so, als existierte die Welt nicht. Das machen sie schon seit Jahrtausenden, aber damals gab es die Welt wirklich nicht.«

»Ihre gab es«, hatte ich gesagt.

»Mich brauchst du nicht zu überzeugen. Aber sie leben in einer Luftblase. Dafür weißt du keine Lösung, und ich auch nicht. Und auch all die wohlmeinenden Menschen nicht, die sie am liebsten einfrieren würden. Und dann gibt es noch die Leute, die an ihnen verdienen. Museumstypen, Galeristen, Anthropologen. Nein, die Zeit läßt sich nicht zurückdrehen.«

»Was grübelst du so«, sagte Almut, »weißt du noch, worüber wir sprachen?«

»Du hast gefragt, was wir jetzt tun sollen, oder?«

»Findest du das so abwegig? Sieh dich doch mal um. Angelsächsische Trübsal, oder etwa nicht? Ich will einen *bem-te-vi* hören, einen *periquito* hören, einen *sabiá* hören, ich will einen *ipê roxo* sehen, eine *quaresmeira* mit violetten Blüten, ich will im Rodeio einen *churrasco* essen, im Frevo ein eiskaltes Bier trinken, ich will im Bazar 13 einen Bikini kaufen, ich will meinen Großvater in der Hípica Paulista Karten spielen sehen . . .«

»In einem Wort, du hast Heimweh.«

»Schon möglich.«

»Und der Sickness Dreaming Place?«

»Bingo. Morgen.«

»Aber wie?«

»Wir fliegen nach Alice Springs. Dort kaufen wir einen

alten *four-wheel drive*, ein Wrack, und dann fahren wir
Richtung Norden, nach Darwin. Sind wir gleich wieder in den Tropen.«
»Und mein Job?«
»Kündigen. Wir finden schon was Neues. Ich kann
dieses braune Sofa nicht mehr sehen, und ich kann dieses gräßliche Mein-erster-Schultag-Kind mit dem
Pony an der Wand nicht mehr sehen, ich kann diese
klapprigen Plastikstühle nicht mehr sehen, und ich
kann dieses blöde Weib mit den Pickeln nicht mehr
sehen. ›Could you please cook normal food, darling,
the whole house smells like an African village . . .?‹«
»Los, komm. Reisebüro. Arnhemland.«

★

Alice Springs. Es ist erst wenige Wochen her, aber
bei mir ist alle Vergangenheit immer Gegenwart, sagt
Almut. Der Central Business District ist ein geradliniges Netz zwischen Wills Terrace und Stuart Terrace,
acht Straßen, die sich an den Fluß, der kein Fluß ist,
schmiegen. Was auf der Karte Todd River heißt, ist
ein ockerfarbener Sandkasten. Darin stehen ein paar
verkümmerte, durstige Bäume, unnütz überspannt
von Brückenbögen. Auf einer verdorrten Grasfläche
ein paar Aborigines, ein Feuer, Rauch, liegende Gestalten, Schlaf. Ich bin nach Anzac Hill gefahren, Almut wollte nicht mit. Im ehemaligen Telegraphenamt
Fotos von Pionieren, Kamelen. Bis hierher waren sie

gekommen, jetzt, 1872, sollte die Strecke bis nach Darwin und weiter nach Java gebaut werden, um den Anschluß an Europa zu gewinnen. Hier hängen auch Fotos von einer Zusammenkunft von Aborigines, einem *corroboree*, 1905. Dreihundert Generationen Aranda, fünf Generationen Weiße, hat jemand danebengeschrieben, und so sieht es auch aus. Ich starre auf die von fremdartigen weißen Malereien bedeckten schwarzen Körper, sie haben die Hände auf dem Rücken verschränkt, vier sind es. Die Zierde der Farben ist dahin, die altmodische Fototechnik hat die Landschaft in einen reflektierenden Lichtstreifen aufgelöst, und in dem stehen sie, die Körper voll Zeichensprache, weiß gepunktete Wellenlinien, Schlangen, labyrinthische Formen, Rätsel. Wie sie da stehen, bedeuten sie etwas in jenem verflogenen Augenblick, ich kann sie nicht lesen. Aus der Ferne wird deutlich, wie unscheinbar Alice Springs ist, es ist wirklich fast nichts, vergleichbar mit der Erde in unserer Galaxis, ein Seufzer, noch nicht mal ein Komma. Man kann sehen, wie die wenigen Straßen schachbrettartig angelegt worden sind, wo die Bahngleise aus dem Süden enden und einstweilen nicht weiter in den tropischen Norden führen, doch hinter dem Wenigen wartet das Viele, die Ebene, die Bergrücken, der gerade Strich einer verlorenen Straße in der Ferne, der Straße, auf der wir nach Darwin fahren würden. Was mir noch in Erinnerung ist von dieser Straße? Die maßlose Trockenheit, die *road trains*, riesige Trucks mit zwei oder drei Anhängern, die einen Büffel wie einen Hund an den Straßenrand fegen. Ein Hirsch in einer grellen Blutlache. Einmal sind wir in einer Wolke aus rotem Staub vom Stuart Highway abgebogen. Der Boden hart und geriffelt, ein irrsinniges Gerüttel, das einen auf die andere Straßenseite treibt, dann wieder sandig-locker und rutschig. Die Flüsse, die auf der Karte eingezeichnet waren, ausgetrocknet. Und überall kleine, gemeine Fliegen. Ich möchte mir gern vorstellen, wie sie durch diese endlose Leere gezogen sind, aber ich kann es nicht.

*

Es gibt sie, durchscheinende Menschen. Es gibt sie vielleicht auch in Schwarz, aber dieser war weiß und uralt. Er trug die vergilbte Version eines Tropenhelms auf dem Kopf. Unter diesem Helm hervor troffen, es gibt kein anderes Wort dafür, lange Strähnen schmutzigweißen Haars herab, die in einen breit ausfächernden Bart derselben Farbe übergingen. Der magere Körper war in einer ebenfalls abgelaufenen Tropenuniform mit ausgefransten Manschetten verborgen, aus denen lange, dünne Hände heraushingen, die mit ihren eklig langen Fingernägeln eher wie Klauen aussahen. Doch die Stimme, die die Gestalt im Schaukelstuhl hervorbrachte, stand zu all dem im Widerspruch, sie war überraschend hoch und melodiös.

»Klapp das Buch da ganz schnell zu«, sagte die Stim-

me. »Du kannst noch zehn Jahre lang deine Hausaufgaben machen und wirst doch nicht dahintersteigen. Ich bin schon fünfzig Jahre hier und verstehe es immer noch nicht. Wo bist du, bei den *moieties*?«
Erwischt. Ich hatte auf dem Weg hierher von den *moieties* gelesen und tatsächlich nichts verstanden. Oder, besser gesagt, ich hatte kapiert, was da stand, aber nicht, wie es funktionierte. Daß *moiety* von *moitié* kam und folglich Hälfte bedeuten mußte, hatte ich selbst auch schon herausgefunden, aber diese verblüffende Komplexität des sozialen Lebens einer Aborigines-Gemeinschaft, was wer von welcher Hälfte nicht mit wem von der anderen Hälfte tun durfte und was wiederum wer mit der anderen Gruppe tun *mußte*, warum jemand in Arnhemland zur *dua moiety* gehörte und seine Frau zur *jiridja*, und was das dann wieder bei Ritualen und Zeremonien bedeutete, und daß es innerhalb dieser Schemata auch noch Unterteilungen in Dialektgruppen und Clans gab, was sich wiederum darauf auswirkte, wer was malen durfte und wer nicht und wer welchen Teil eines Liedes singen durfte oder eben gerade nicht, höhere Mathematik und japanische Hofzeremonien waren nichts dagegen, mir war schwindlig geworden, ich hatte aufgegeben. Die Lieder hatte ich gehört, an diesem Vormittag im Museum. Almut hatte schnell Reißaus genommen, aber ich war in eine Art Trance geraten durch das klägliche, kreisende Singen einer Gruppe älterer Frauen, das kein Ende zu nehmen schien. Es glich nichts, was

ich kannte, ein paar arme, alte Frauen, die aussahen
wie von der Sonne verkohlt, auf roter Erde, die ebenfalls verkohlt war, Staub wirbelte zwischen ihren gegerbten nackten Füßen auf. Mit Füßen und Stöcken
stampften sie auf den harten, trockenen Boden, der
wirkte wie Stein, die Melodie kreiste und kreiste und
schien sich ständig zu wiederholen, die Worte waren so weit von jeder Bedeutung entfernt, daß man
kaum glauben konnte, daß es Sprache war, während
es genau darum ging, Sprache, Geschichten, Ahnen-
wesen, die in schmalen Booten übers Meer gekommen waren und in diesen Liedern über das Land gingen, in dem ich mich befand, und die Tiere und die
Geister schufen, die die Totems werden sollten, welche noch immer eine so große Rolle im Leben der
Menschen spielten.

»Setz dich hierher.«

Die Stimme war gebieterisch, und ich gehorchte. Das
Gesicht unter dem Helm war aus Pergament, doch
die eisblauen Augen leuchteten. Das Englisch, das er
sprach, war von der Art, mit der man ein Territorium
an Herkunft und Erziehung absteckt, ein Wunder,
daß er es in diesen fünfzig Jahren am Leben hatte halten können. *Pom* nennen die Australier so jemanden.
Die Tropenkleidung hing viel zu weit um ihn herum, was sich darunter befand, mußte fast ein Skelett
sein, doch die Stimme widersprach allem, und an seinem linken kleinen Finger trug er einen Wappenring.
Auch er hatte also sein Totem.

»Meine Augen sind noch gut. Ich kenne das Buch, in dem du gelesen hast. Es ist vor langer Zeit geschrieben worden, und man sagt, es sei ein Meisterwerk, aber es wird dir nicht weiterhelfen. Ich habe es an den abstrakten Zeichnungen erkannt, Linien mit Nummern und Buchstaben, die die geheime Welt hier erklären sollen. Sehr honorig, und alles korrekt. Wer von welcher Abstammung wen heiraten darf, wer mitmachen darf, wenn der Leichnam ausgeräuchert wird, wer nicht mitsingen darf, wenn die Knochen erneut bestattet werden, wer von der mütterlichen Linie und wer von der väterlichen und bis ins wievielte Glied ... am Ende weißt du alles und vergißt es sofort wieder. Du bist keine Anthropologin?«

»Nein.«

»Na also. Selbst wenn du alles gelesen hast, wirst du sie anschauen und nichts wissen. Ich will es nicht geheimnisvoller machen, als es ist, aber es ist geheimnisvoll, und dazu auch noch schön. Vielleicht nicht die Menschen, Praxiteles hätte sie nicht in Stein gemeißelt, uns im übrigen auch nicht. Sie entsprechen anscheinend nicht unserem Schönheitsideal, obgleich ich das schon lange nicht mehr sehe. Ich finde sie schön, es ist das Alter ihrer Welt, das sie schön macht. Jedenfalls in meinen Augen. Und das, was sie machen, ihre Lieder, ihre Kunst. Sie leben ihre Kunst, es gibt keinen Unterschied zwischen ihrem Denken, ihrem Leben, und dem, was sie machen. So ähnlich wie bei uns im Mittelalter, bevor alles auseinandergerissen wurde. Eine geschlossene Welt, darin lebt es sich leicht. Darum ist es für euch auch so anziehend, wenn ich das so sagen darf. Euch, das klingt nicht nett. Aber ich wohne schon seit Jahren in diesem entlegenen Winkel, ich sehe euch kommen und suchen. Es ist alles zugleich, Poesie, eine komplette Lebensweise, auf Menschen, die von irgendwoher kommen, wo fast nichts mehr stimmt, wirkt das sehr verführerisch. Und es ist zerstört, oder zumindest fast. Haben sie danach nicht alle gesucht, nach dem verlorenen Paradies?

Sie haben einen endlosen Traum geträumt, eine Ewigkeit, in der sie für alle Zeiten hätten weiterleben können, in der sich nie etwas hätte zu ändern brauchen. Wesen waren einst gekommen, die die Welt erträumt hatten, und jetzt durften sie selbst weiterträumen in der von Geistern beherrschten Welt mit ihren verzauberten Orten, ein System, in dem wir keinen Platz haben, selbst wenn wir es wollten.«

Ich sagte nichts. Hinter der Veranda hörte ich das holpernde Rauschen der großen altmodischen Deckenventilatoren in der Diele. Ich wußte das alles, aber meinetwegen konnte diese Stimme noch lange so weitersprechen. Es war ein merkwürdiger Singsang, eine Art Lamento, das einen seltsamerweise nicht traurig machte. Und vielleicht hatte ich ja genau das hören wollen, daß ich draußenbleiben durfte, außerhalb aller Gelehrtheit, aller Erklärungen, daß ich es unverstanden auf mich zukommen lassen durfte wie früher, in unserem Zimmer in Jardins, als wir uns von den Bildern hatten verführen lassen. All die Darstellungen, Graphiken, Abstraktionen konnten nichts mit den tanzenden Frauen zu tun haben, jedenfalls würden sie mich einer Lösung des Rätsels nicht näherbringen, und vielleicht sollte ich das auch gar nicht wollen. Besser, ich erinnerte mich an die Felsmalereien, die Landschaften, die rauh geflüsterten Worte, mit denen jemand mich in jener ersten Nacht aus meinem eigenen Leben gehoben hatte, Worte, von denen ich nichts verstanden hatte, genausowenig wie von den Liedern an diesem Morgen, die ich trotzdem für immer bei mir haben würde.

Ich legte das Buch weg.

»Gut so. Ich habe es nicht nur so dahingesagt. Ich weiß das, weil ich das Buch geschrieben habe.«

Ich sah ihn an. Auf der Rückseite des Buches war ein junger Mann zwischen ein paar Jägern mit Speeren abgebildet. Cyril Clarence. Er sah aus wie James Mason in jung. Das Foto mußte vor mindestens sechzig Jahren gemacht worden sein. Ich sagte es. Er lachte.

»Ich erlaube mir nicht, irgend etwas zu bereuen, aber ich habe ein halbes Jahrhundert meines Lebens dafür hergegeben, zu verstehen, wie ihre Welt zusammenhängt.«

»Und wissen Sie es jetzt?«

Er antwortete nicht. Statt dessen nahm er das Buch, das ich auf den Tisch neben ihm gelegt hatte, faltete die hinten eingelegte Karte auseinander und zeigte auf einen Fleck ungefähr zweihundert Kilometer östlich von Darwin. Es führten keine Straßen dorthin. Ich sagte es.

Er lachte. »Inzwischen schon. Oder, na ja, Tracks für Allradwagen, und auch nur zur richtigen Jahreszeit. Früher gingen sie zu Fuß hin. Dort hat ein Freund von mir gewohnt.«

»Jetzt nicht mehr?«

»Nein, jetzt nicht mehr. Er ist ermordet worden. Er war Maler und Jäger, er hatte dort ganz allein eine Landebahn angelegt, mehr oder weniger mit bloßen Händen. Sie lebten dort in einer kleinen Gemeinschaft, waren zu ihrem alten Grund und Boden zurückgekehrt, denn den vergessen sie nie. Heilige Orte, geheime Orte, verbotene Orte, du darfst vieles vergessen, aber das mußt du behalten, denn auch wenn du es nicht sehen kannst, es ist eine verzauberte Welt, mit verzauberten Pflanzen, verzauberten Tieren, eine Landschaft voll unsichtbarer Schlüssel. Mehr brauchst du nicht zu wissen. Er wurde von seinem Schwiegersohn ermordet. Ich ging manchmal zu ihm, er hat mir viel erzählt. Und ich sprach mit ihm über Funk. Ich dachte, sie leben im Paradies, aber dem war offensichtlich nicht so. Auch dort nicht. Er machte schöne Sachen, ab und an flog einer von diesen Galeristen hin, um etwas abzuholen, damit verdiente er viel Geld. Daß diese Stücke in amerikanischen Museen zu sehen waren, sagte ihm nicht viel.

Er hatte auch nie Lust, die Ikonographie ausführlich zu erläutern, er war weise genug, zu wissen, daß die Unbekannten, die seine Werke sehen würden, ihre magische Bedeutung nicht verstehen konnten oder verstehen würden und sie ausschließlich zu Dekorationszwecken oder als Geldanlage kauften. Und ansonsten lebte er von der Jagd, er war auch ein phantastischer Fischer und Jäger.«

»Und warum wurde er ermordet?«

»Neid. Dies ist noch immer die reale Welt, auch hier. Man muß sehr stark sein, um mit all diesen Veränderungen fertigzuwerden. Er war es, aber oft geht es schief. Unsere Welt ist gefräßig.«

»Und der Täter?«

»Gib mir mal die Karte.

Hier, siehst du das? Diese endlose braune Fläche? Keine Straßen, nirgends. Hunderte und Hunderte von Kilometern Leere. Es gibt keine Wege außer dem Track, der zum Nganyalala Outpost führt, ein paar hundert Kilometer weiter östlich. Darum herum nur Leere, Nichts, Busch, Überschwemmungsgebiet. Wenn es sein muß, können sie jahrelang durchhalten. Er hat seine alte Mutter mitgenommen, die weiß, wie man in dieser Wildnis überleben kann. Wo du Stein siehst, sieht sie Wasser. Hauptsache, man kann die Welt lesen. Wurzeln, kleine Tiere, Beeren. Man hat sie jedenfalls nie gefunden. Wo wolltest du hin?«

»Zum Sickness Dreaming Place.«

»Aus einem bestimmten Grund?«

»Ja.«

»Hm. Schwierig.« Er deutete auf die Karte.

»Hier. Sleisbeck Mine.« *Abandoned* stand dahinter.

»Da darf man offiziell nicht hin. Es war schon immer ein schwieriges Gebiet. Als Leichhardt 1845 ins South Alligator Valley zog, bekam er echte Probleme mit den Jawoyn, die dort lebten. Es ist heiliger Boden für sie. Der Ahnengeist, der dort das Sagen hat, will nicht, daß die Erde gestört wird, wer es trotzdem tut, dem wird Schreckliches zustoßen. Die Gegend heißt Sickness Country, weil dort viel natürliche Radioaktivität freigesetzt wird. Heiliger Boden, das ist *eine* Sache, Uranminen sind wieder was anderes. Seit 1950 holt man in der Gegend Gold, Uran, Palladium und weiß der Himmel was sonst aus dem Boden. Australische Staatsverschuldung auf der einen Seite und giftiges Grubenwasser, aussterbende Tierarten, verletzte sakrale Landrechte und Ahnenmythen auf der anderen, eine reichlich explosive Mischung. Und dann gibt es dort auch noch diese herrlichen Felsmalereien, Lascaux ist nichts im Vergleich dazu.«

In diesem Augenblick kam Almut auf die Terrasse geschneit und wedelte mit einer Zeitung. Sie nahm Cyril zur Kenntnis und ließ sich auf einen Stuhl fallen. Almut wunderte sich nie über irgendwas, auch nicht, wenn man sich mit einem Hundertjährigen unterhielt.

»Hier, sieh dir das an! Dann weißt du wieder, daß du woanders bist. ›Stammesälteste singen Aborigine tot‹!

149

Ich habe mir ernsthaft vorzustellen versucht, wie sie das machen. Mit manchen Geräuschen kann man Menschen foltern, das weiß ich. Mit einem Tropfen, den man unentwegt in einen Eimer fallen läßt, das hab ich mal gehört, macht man jemanden absolut wahnsinnig. Aber durch Singen? Vielleicht in der Art, wie wir es heute morgen im Museum gehört haben, dieses langsame Geleier, das hat mich auch wahnsinnig gemacht, ich hab nicht kapiert, wie du dir das so lange anhören konntest. Diese tiefen Töne, die gingen mir richtig durch die Knie, es war wie Sägen.« Sie machte das Geräusch einer alten Bohrmaschine nach.

»Wovon redet deine Freundin?« fragte Cyril. »Mir gefällt eure Sprache, aber ich verstehe kein Wort.«

Ich sagte es ihm, und er lachte. Es schien, als nähme Almut ihn jetzt zum erstenmal wahr. Sie sah mich fragend an und sagte: »Wo hast du den aufgegabelt? Ich wußte gar nicht, daß dieses Modell noch hergestellt wird, der kommt ja aus 'nem Film. Warum mußte er so lachen?«

»Totsingen«, sagte Cyril. »Es wäre schön, wenn das ginge. Aber hier bedeutet das etwas anderes, obgleich es eigentlich auf das gleiche hinausläuft. Das macht man, wenn jemand sich durch irgend etwas außerhalb der Gemeinschaft gestellt hat. Wenn er das Totem eines anderen gestohlen oder sich auf andere Weise gegen ein wichtiges Tabu versündigt hat. Dann wird er oder sie durch einen Bannfluch ausgestoßen, und das geschieht singend. Niemand aus der Gruppe darf einem dann noch helfen, in keiner Hinsicht. Da kann man genausogut tot sein. Das sind die Menschen, die man in den Großstädten herumlungern sieht. Die gehören nirgends mehr dazu.«

Almut sagte nichts. Die Geschichte schien sie zu enttäuschen. Sie stand auf und sagte: »Wieder um eine Illusion ärmer. Worüber habt ihr gesprochen, bevor ich kam?«

»Über Sleisbeck. Cyril sagt, es ist schwierig.«

Sie griff den fremden Namen auf, als hätte sie ihn schon hundertmal gehört.

»Dann soll Cyril uns eben sagen, wie wir dorthin kommen.«

»Gar nicht, sagt er. Wir sollten lieber irgendwo anders hinfahren. Ubirr. Kakadu. Nourlangie.«

Gemeinsam starren wir auf die Karte. Die Hand, mit der er auf die Orte deutet, scheint aus durchsichtigem Marmor zu sein.

»Und was wird jetzt mit Sickness?«

»Ich bin schon geheilt.«

★

Er steht auf der Terrasse, als wir am nächsten Tag wegfahren. Unsere alte japanische Klapperkiste macht einen gottsjämmerlichen Lärm, aber wir sind aufgedreht. Almut singt das halbe Repertoire von Maria Bethania, von Zeit zu Zeit werden wir von einem *road train* auf die Seite gedrückt, die Fahrer schreien uns lachend etwas zu und machen obszöne Gebärden. Es ist Oktober, *the wet*, die nasse Jahreszeit hat angefangen, doch der große Regen setzt erst später ein. Nach vierzig Kilometern biegen wir links ab, Richtung Arnhemland. Almut summt die Ortsnamen, Humpty Doo, Annaburroo, Wildman Lagoon. Irgendwo sollen wir uns zwischen Jabiru und Ja Ja entscheiden, aber das kann ich auf der Karte nicht finden, und dann wird die Straße zu einer roten Spur und diese Spur zu einer endlosen Wiederholung ihrer selbst, umgeben von einem trockenen, totenstillen Wald.

Wir steigen an einem Fluß aus, die Stille zischelt mit unbekannten Geräuschen. *Crocodiles Frequent this Area. Keep Children and Dogs away from Water's Edge.* Ich blicke auf die schwarze, glänzende Oberfläche, den roten Boden zu meinen Füßen, getrocknete Eukalyptusblätter wie Schriftzeichen aus einem ausgekippten Setzkasten. Auf dieser Straße herrscht fast kein Verkehr, wir sind allein in unserer Staubwolke, und genau so sehen wir aus großer Entfernung die wenigen anderen sich nähern, als Wolken, Erscheinungen. Ich bin glücklich. Bei Ubirr müssen wir eine Stunde zu Fuß gehen.

»Majestätisch«, murmelt Almut. Ich sehe sie an, weil ich wissen will, was sie meint, und sie deutet um sich und legt dann den Arm um mich, als wolle sie mich vor etwas schützen, aber wovor?

»Alles ist so alt«, sagt sie schließlich. »Ich habe das Gefühl, daß ich selbst unermeßlich alt bin, als wäre ich schon immer hier gewesen. Zeit ist nichts, ein Furz. Jemand könnte uns einfach wegpusten, tausend Jahre hin oder her, das bedeutet alles nichts. Und wenn wir zurückkämen, würden wir uns selbst nicht wiedererkennen. Gleiches Hirn, andere Software. Ich weiß, wovon ich spreche, ich habe zuviel in die Augen der Abos geschaut. Hast du keine Probleme damit? Tausend Jahre, zehntausend Jahre lang die gleichen Augen, dieselbe Landschaft. Sie sind ihre eigene Ewigkeit, nicht auszuhalten.« Und dann lacht sie und sagt: »Wegen großen Ernstes entlassen«, aber sie hat recht. Alles, Steine, Bäume, Felsblöcke, will sein erdrückendes Alter in dich bohren, nirgends eine menschliche Stimme, um dich abzulenken, der graue, bösartige Glanz der Steine wehrt den Eindringling ab, kein Wunder, daß sie denken, dieser Boden sei heilig. Gemurmel von Sträuchern, Geraschel von unsichtbaren Tieren. Hier haben sie gelebt, unter dieser überhängenden Felswand Schutz gesucht, dort unten und über ihren Köpfen haben sie die Tiere, von denen sie lebten, gemalt und gezeichnet, später notiere ich die Namen: *barramundi*, der große Fisch, *badjalanga*, die Langhalsschildkröte, *kalekale*, der Wels, *budjudu*, der Leguan.
»Ich lege mich hin«, sagt Almut, »ich kriege einen Krampf im Nacken.«
Ich lege mich neben sie.
»Das müßte man in der Sixtinischen Kapelle auch ma-

chen können«, sagt sie noch, aber ich bin schon verloren, es ist, als läge ich in einer großen mykenischen
Tonvase. Phantasiefische, die nach unten schwimmen, das Raffinement der Zeichnung, die kleinen
weißen Menschen daneben so bescheiden, gesichtslos, als wollten sie sagen, sie seien eigentlich gar nicht
da. Als ich länger hinschaue, sehe ich, daß die Felswand hundert Farben hat, Erosion, Verwitterung,
Schimmel, Zeit, alles hat sich in diesem Stein einge-
nistet, und darüber liegt das Bild, das dort draußen,
lebendig, als Wirklichkeit existiert hat und durch
jemanden hindurchgehen mußte, um hier in den Farben des Bodens von neuem zu existieren, unbeweglich, niedergeschrieben, in die Zeit geritzt.
Ich würde gern etwas erwidern, weiß aber nicht, wie,
etwas zu dem, was Almut gerade gesagt hat, die Zeit
als Furz, aber das kann nur sie, bei mir wird das immer gleich verworren und feierlich zugleich. Zwan-
zigtausend Jahre sind diese Zeichnungen alt, hat
Cyril gesagt, und dann geht es nicht mehr um diese
Nullen als Zahl, sondern als etwas Stofflichem, Gewebe, das mich umfängt, was ich sehe und was ich
bin, schwebt im selben Kontinuum, das wie ein Zaubergewand die Zeit aufhebt, zerstört, ungültig macht,
so daß sie zu einem Element wird wie Wasser und
Luft, zu etwas, in dem man sich in alle Richtungen
bewegen kann und nicht nur in die eine, wo der
eigene Teil davon aufhört.
»Stop, stop«, sagt Almut, aber da sind wir bereits auf-

154

gestanden und von dem Felsüberhang zu dem darübergelegenen Plateau gegangen. Tief unter uns liegt
eine Landschaft, die sich bis zum Ende der sichtbaren Welt hinzieht. Landschaft wie aus einem Traum,
Göttergestalten gehören da hinein. Ein Raubvogel
steht still darüber, als müsse er allein über sie wachen,
andere, weiße Vögel schwimmen auf einer sumpfigen
Fläche vor einem Waldrand. Genau unter uns, am
Fuß der Felsen, die spitzen Pyramiden von Termitenhügeln, Sandpalmen so unscheinbar wie Gras, Felsblöcke eines zerstörten Tempels.
»Ich wollte dich nicht auslachen«, sagt Almut. »Ich
weiß, was du meinst, ich kann es bloß nie so ausdrük-
ken. Es hat mit Melancholie zu tun, aber auch mit
Triumph.«
»Ja«, sage ich, und dann würde ich noch gern hinzufügen, daß der Triumph darin besteht, daß man für
einen Augenblick weiß, man ist sterblich und gleichzeitig unsterblich, aber ich lasse es. Zeit ist ein Furz,
ist viel kürzer und bedeutet vielleicht dasselbe. Sechzig Millionen Jahre alt ist die Landschaft, in die ihr
fahrt, hatte Cyril gesagt. Yellow Water, Alligator
River, die Farbe von Asche, weiß angelaufene Kau-
tschukbäume in moosgrünem Wasserland, die Spur
eines toten Flusses, eine blutende Felswand, wo ein
Monster in die Erde gebissen hat, es ist genug, wir
müssen gehen. Irgendwann, vor langer Zeit in einem
Zimmer in São Paulo, haben wir uns auf die Reise
gemacht. Jetzt sind wir angekommen.

Geträumte Reisen

Fünfzig Jahre muß es jetzt her sein, daß ich zum erstenmal von Tonga hörte. Die junge Prinzessin Elizabeth wurde zur Königin Elizabeth II. von England
gekrönt, und Könige und Staatsoberhäupter aus der
ganzen Welt waren zu dieser Feier nach London gekommen. Unter ihnen auch die Königin von Tonga,
einem Inselreich irgendwo in der Südsee, und sie
erlangte noch am selben Tag Weltberühmtheit, weil
sie sich im Gegensatz zu allen anderen gekrönten
Häuptern weigerte, das Verdeck ihrer Kalesche schlie
ßen zu lassen, als es plötzlich irrsinnig zu regnen begann. Infolgedessen war sie natürlich klatschnaß, als
sie an der Westminster Cathedral eintraf, was um
so mehr auffiel, als die Königin von Tonga sich beim
Aussteigen als Riesin entpuppte. In einem solchen
Augenblick drängt sich einem der Name Tonga unerbittlich auf, und die Neugier ist geweckt. Zwischen
Australien und Südamerika liegt die ungeheure Fläche des Pazifiks, in der alle angrenzenden Erdteile ertrinken könnten. Schauen Sie nur mal nach, Sie werden Mühe haben, Tonga zu finden. Eine mächtige
Hand hat über all dies Wasser eine Unzahl von Krümeln ausgestreut, die Cookinseln, die Marshallinseln,
die Marquesainseln, alle unendlich weit voneinander
entfernt. Wer an Inselsehnsucht leidet, dem gehen

förmlich die Augen über, es müssen Tausende sein. Wo also anfangen? Ich las über Paul Gauguin und Tahiti, über Robert Louis Stevenson und Samoa, sah Bilder und Fotos, schaute mir den Film über die Meuterei auf der Bounty mit Charles Laughton an, kam sogar einmal nach Hawaii und konnte schon ein wenig von dieser polynesischen Welt kosten, aber Tonga und seine Riesenkönigin entzogen sich weiterhin, es sollte noch Jahre dauern, bis der Traum Wirklichkeit wurde, und dann eigentlich auch nur per Zufall. Ich war zu einem Literaturfestival in Sydney eingeladen und lernte dort einen Schriftsteller von den Fidschiinseln kennen, der früher mal Privatsekretär des Königs von Tonga gewesen war. Der König kam längenmäßig nicht an seine inzwischen verstorbene Mutter heran, machte das jedoch durch einen beachtlichen Umfang wett, in diesen Regionen ein Zeichen von Macht und Reichtum. Der Schriftsteller hieß Epeli Hau'ofa, und er beschwor mich, meine ursprüngliche Reiseroute zu ändern und nicht, wie geplant, über Tahiti nach Los Angeles zu fliegen, sondern einen Umweg über Fidschi, Tonga, Vanuatu und Samoa zu machen, vier Jungensträume auf einen Schlag. An Fidschi, wo es später einen Staatsstreich geben sollte, der mit Konflikten und Rivalitäten zwischen der ursprünglichen polynesischen Bevölkerung und aus Indien angeworbenen Zuwanderern zusammenhing, erinnere ich mich nur noch schwach. Ich war zu Gast bei Epeli, und der erzählte mir voller

Heimweh alle möglichen Geschichten über Tonga, die mich nur noch neugieriger auf diese für mich so geheimnisvolle Insel machten. Ich wußte jetzt, daß der König so dick war, daß in dem kleinen Flugzeug, das die Verbindung zwischen all den fernen Inseln seines Reiches aufrechterhält, stets zwei Plätze für ihn reserviert werden mußten, daß der Sonntag so heilig war, daß sich keine Fliege bewegen durfte, es sei denn auf dem Weg zur Kirche, daß es eine bereits tausend Jahre alte Aristokratie gab, und daß die Einwohner, sobald sie des Autos des Königs ansichtig wurden, von sich aus sofort an die Seite fuhren. Eines jedoch hatte Epeli mir zu erzählen vergessen: daß man, wenn man nachmittags um vier vom Flughafen Suva auf Fidschi zum zwei Stunden dauernden Flug nach Tonga startet, dort zwar um sechs Uhr landet, allerdings gestern. Unverhofft hat einem das Leben einen ganzen Tag geschenkt, man ist räumlich vor-, zeitlich jedoch zurückgereist und hat sich so einen der schönsten Träume der Menschheit erfüllt. Tonga liegt nämlich exakt auf dieser völlig imaginären Trennungslinie, mit der die Menschheit versucht hat, die unsichtbare Zeit zu zähmen: Wer einen Schritt vor- oder zurückgeht, verwandelt sich von einem Gestrigen in einen Heutigen oder umgekehrt und beweist damit, daß die Zeit im Grunde nicht existiert. Vielleicht war ich deshalb so glücklich auf Tonga.

Ich quartierte mich im International Dateline Hotel ein und tat nichts, will sagen, ich paßte mich dem dortigen Tempo an, spazierte durch die Stadt und entlang dem Meer, kaufte Seeigel und Austern auf dem Fischmarkt, saß unter einer Palme und sah zum ozeanischen Himmel hinauf, fuhr mit einem Fischer aufs Meer hinaus – ließ, kurz gesagt, das Getöse und die Erregtheit der großen Welt verebben und betrachtete voller Bewunderung die schönen Menschen, die vorbeikamen und ihr offenbar so herrlich langsames Leben fern vom Lärm und von den Dingen lebten, die der Rest der Welt für so wichtig hält. Abends wurde im Hotel getanzt und gesungen, die Frauen waren genauso schön, wie Gauguin sie gemalt hatte, angelsächsische Missionare hatten sie zwar, wie es hieß, überaus tugendhaft und gottesfürchtig gemacht, doch das erhöhte den Reiz nur. Ich ließ jeden Gedanken an weitere Reisen innerhalb des Königreichs fallen, als ich erfuhr, daß es außer Tongatapu, wo ich war, noch 174 Inseln gab, 39 davon bewohnt. Mir genügten das türkisfarbene Meer, die Kokospalmen, die Abwesenheit von Zeitungen und die unvorstellbaren Wolkengebilde am Himmel. Die Welt war aufgehoben, und das fand ich großartig. Epeli hatte mir stolz erzählt, daß sich das einzige Institut im Pazifikraum, an dem man Latein und Griechisch lernen könne, auf Tongatapu befinde, und hatte mir die Adresse der Atenisi University gegeben. Der Rektor, Futa Hele, lud mich zu sich nach Hause ein, ein unvergeßlicher Nachmittag voll antiker Weisheit und unter dem Haus herumschnüffelnder Schweine, Mozart auf einem verstimmten Klavier, einer Gruppe junger Männer, die traditionelle Lieder sangen, und einer rituellen Kawa-Zeremonie. Vor letzterer war ich gewarnt worden, denn Kawa mag zwar harmlos aussehen – am ehesten noch wie Milch –, ist aber nicht ohne. Sie wird aus der Wurzel einer Pfefferpflanze *(Piper methysticum)* bereitet. Was mich am meisten verzauberte, weiß ich nicht mehr, der träge, hypnotisierende Gesang der jungen Männer, das Zerstampfen der weißlichen Wurzel in einem großen Mörser und das dazugehörige Geräusch, oder die Tochter von Futa Hele, die in der Ferne Mozart auf einem Klavier spielte, das klang, als hätte der Komponist seine Melodie eigens den Tropen angepaßt. Aber vielleicht waren es doch der Wind in den Palmen und der grauweiße Trunk selbst, der bereitet wurde, indem man Wasser zu der zerstoßenen Wurzel goß. Das geschah in einem großen, vierbeinigen Holzgefäß, aus dem die Kawa später mit einer Kokosnußhälfte geschöpft wurde. Ihre Wirkung ist nicht so sehr Betrunkenheit (diese Kokosschale wurde einem ständig wieder gereicht), vielmehr ein eigenartiges Gefühl schläfriger Wohligkeit, leichter Betäubung, Verwischung der scharfen Kanten des eigenen Charakters und, nach einiger Zeit, ein tiefes Verlangen nach der Fähigkeit, langsam aufzusteigen und mit trägem Flügelschlag zu all den anderen Inseln zu fliegen, auf denen weitere *kavakalapus* einen erwarten würden.

Fliegen ist jedoch nicht einfach, wie ich am letzten Tag meines Aufenthalts erfahren sollte. Mit Mühe hatte ich einen Platz in der Maschine nach Samoa erobert, die am Samstagabend starten sollte, nach Gestern oder Morgen, war mir nicht klar, doch das spielte schon bald keine Rolle mehr, denn es kam nicht zum Start. Passagiere, die im Freien – auf Tonga geschieht alles im Freien – auf ein Flugzeug warten, bekommen auf die eine oder andere Weise etwas von Flüchtlingen, und ich merkte, daß die anderen Flüchtlinge immer öfter auf ihre Armbanduhren schauten und gespannt zu lauschen schienen, ob das Flugzeug schon im Anflug sei. An sich ist das nichts Ungewöhnliches, doch sie wußten mehr als ich. Nirgendwo auf der Welt wird der Tag des Herrn so geheiligt wie in Tonga, uns trennte nur noch eine halbe Stunde vom Sonntag, und sonntags durfte die Maschine nicht landen. Ich erinnere mich noch sehr gut an diesen Augenblick. Alle lauschten atemlos, wir hörten es zwölf schlagen, und kurz darauf hörten wir, wie das Flugzeug da oben ohne uns zu seinem nächsten Ziel weiterflog. Wir Passagiere standen leicht betreten da, jeder das Opfer seiner eigenen Gedanken. Das Geräusch der einsamen Maschine erstarb in der stillen tropischen Nacht. Ich hätte das schrecklich finden müssen, was mir aber nicht gelang. Fast per Zufall war ich in Tonga gelandet, per Zufall würde ich nun auch den Sonntag in Tonga verbringen, und näher zum Nichts kann ein Mensch nicht gelangen, denn genau das passiert sonntags in Tonga: nichts, und dieses Nichts wird von Kirchenglocken begleitet, die alle zwei Stunden verkünden, daß wieder zwei Stunden lang nichts passiert ist. Alles, aber auch wirklich alles ist geschlossen, und nichts bewegt sich, mit Ausnahme der Vögel und der mit Bibeln und Gesangbüchern beladenen Kirchgänger. Restaurants, Bars, alles ist zu, eine himmlische Ruhe senkt sich auf die ohnehin schon so stille Insel herab, von meinem Hotelzimmer aus sah ich die schönen Menschen vorbeigehen, die in Gauguins Tagen noch solch hinreißende Heiden gewesen waren. Sie trugen ihre schwarzen Bücher wie Schmuck, gingen zum Singen und Beten und zu Predigten über Hölle und Verdammnis, während sie gleichzeitig im Paradies lebten. Ich beschloß, ein Stück spazierenzugehen und mal gründlich über alles nachzudenken. Schönheit und Sünde, Ruhe und Bewegung, alle möglichen Themen boten sich zum Meditieren an. Wie es wohl sein mochte, hier für immer zu bleiben, ein bißchen zu fischen und dann und wann eine Kokosnuß zu pflücken, den Wirrwarr der überdrehten Welt hinter mir zu lassen und ein Einmannkloster des Ordens der Stille zu gründen? Auf allen meinen Reisen hatte ich die besuchten Gebiete danach eingeteilt, ob ich sie noch einmal oder wahrscheinlich nie wieder bereisen würde. Doch wenn ich hierbliebe, würde ich die ganze Welt zu einem Gebiet erklären, zu dem ich nie wieder führe, wer das nicht versteht, möge sich die Karte des Stillen Ozeans ansehen. Das Inselreich Tonga umfaßt 362 500 Quadratkilometer, die Stückchen Land, die aus dem Wasser ragen, insgesamt 688 Quadratkilometer.

Nach allen Seiten erstreckt sich eine Art Ewigkeit aus Wasser, kein Wunder, daß man hier die Zeit in zwei Teile geteilt hat, denn Zeit spielt hier keine Rolle mehr. Es gibt die Tonga-Zeit, die so langsam fließt wie Sirup und ohne Uhr auskommt, und es gibt die Papalangi-Zeit, die Zeit der richtigen Welt, und beide verrinnen im Verhältnis von schätzungsweise 1 : 12. Doch wenn die Zeit keine Rolle mehr spielt, dann gibt es noch viel mehr, das keine Rolle mehr spielt, und ich wußte nicht, ob ich schon ruhig genug war, um für immer dem Orden der Stille anzugehören. Einmal hatte mich eine junge kanadische Schriftstellerin, zu Besuch in Amsterdam, gefragt, weshalb ich um Himmels willen soviel reiste, wo ich doch in einer der schönsten Städte der Welt wohnte. Die Frage war gut, vor allem wenn man mit dem Rücken an eine Palme über sie nachdenkt. Die Sonne schien auf die in steter Bewegung befindlichen Edelsteine des Ozeans, doch ich sah einen nebligen Oktoberabend in Amsterdam vor mir und gleich darauf einen ebenso nebligen, eiskalten Abend auf der Lagune von Venedig mit den Lichtern der Stadt in der Ferne. Venedig und Amsterdam, das waren vielleicht die beiden Städte, die ich am meisten liebte. Und Los Angeles? Diese Stadt muß man nicht lieben, finden viele meiner amerikanischen Freunde, doch jetzt, hier, auf der anderen Seite des unermeßlichen Ozeans, verspürte ich wahrhaftig einen Anflug von Heimweh nach ihrem verstädterten Wildwuchs, der seine Wüstenherkunft nie ganz verleugnet hat. Ein ganzes Jahr hatte ich dort verbracht, hatte dort mein Buch *Allerseelen* geschrieben. Während ich draußen am Ozean von Santa Monica die grotesken Formen der Washington-Palmen sah, die sich im kalifornischen Sonnenschein wiegten, hatte ich über ein verschneites Berlin in einem eiskalten Winter geschrieben. Nun aber wollte das innere Archiv plötzlich alles mögliche beisteuern, die verzauberte Ebene von Pagan in Birma mit ihren Hunderten von Tempeln, eine nächtliche Fahrt auf einem alten Schiff im Landesinneren von Gambia, einen Abend auf einem Balkon in Salamanca, 1955, unter mir die Plaza Mayor, auf der Studenten und Lehrer diskutierend und gestikulierend in einem großen Kreis herumgingen. All diese Welten existierten nicht nur in meiner Erinnerung, es gab sie wirklich, wenn ich wollte, könnte ich sofort hinfliegen. Vielleicht ist das die größte Herausforderung für den ewigen Reisenden, daß er die Welt, die er kennengelernt hat, immer wieder sehen will, eine Unmöglichkeit. Niemandem wird die Gnade eines zweiten Körpers zuteil, und der meinige befand sich jetzt hier, auf Tongatapu. Diese anderen Städte und Landschaften mußten bleiben, wo sie waren, in meiner Erinnerung. Wieder begannen die Glocken zu läuten, diesmal hatte ich das Gefühl, sie meinten mich, hier und jetzt, nicht in Japan, nicht in Mali, nicht in München. In der Ferne sah ich die Hakau-Tapu-Riffe knapp aus dem Wasser ragen, die Sonne färbte sich bereits rot, die großen schwarzen Fledermäuse, die wie fremdartige Früchte in den Bäumen hingen, begannen sich für die Jagd bereit zu machen, es wurde Zeit für den Abendgottesdienst. Vor mir ging ein älterer Herr mit einer geflochtenen Matte um den Leib, einer Art Schürze, wie vornehme Tongaer sie tragen, der *ta'avala*, die von einer Kokosfaserschnur, der *kafa*, festgehalten wird. Oft sind es Erbstücke, und sie sind feierlichen Anlässen vorbehalten, wie jetzt dem Gottesdienst. Ich beschloß, dem alten Herrn zu folgen, und das erwies sich als Volltreffer, denn dadurch landete ich in der Kirche, in der der König von Tonga, Taufa'ahau Tupou IV., umringt von der gesamten königlichen Familie seinen Sonntag beging. Einst, in den fernen Nebeln der Urzeit, hatte sich der Sonnengott Tangaloa in ein Mädchen verliebt, das er gesehen hatte, als sie am Strand nach Muscheln suchte. Sie hieß 'Ilaheva, er verführte sie, wie Zeus Europa verführt hatte – Götter haben offenbar nie etwas anderes zu tun, außer natürlich der unsrige, aber der war auch allein –, und sie gebar Aho'eitu, der der erste Tui werden sollte. Seitdem gibt es wie in Japan eine lange, ununterbrochene Linie. Bis auf den heutigen Tag schläft der japanische Kaiser in der Nacht vor seiner Krönung mit der Sonnengöttin, und nie ist jemand dabei.

Ich folgte dem alten Herrn in die Kirche. Er mußte, wurde mir später klar, dem Adel angehören, da er sich in der Nähe der königlichen Familie niederließ, die ganz vorn in der Kirche auf einem rechtwinklig zum Rest des Gebäudes errichteten Podium saß. In Tonga gibt es dreiunddreißig adlige Familien, und sie sollen eigentlich keine gewöhnlichen Sterblichen heiraten. Der König selbst war in Weiß gekleidet, mit einem silbernen Spazierstock und einer großen doppelten Sonnenbrille, und er trug prachtvolle bunte *kafas* um die Leibesmitte, als müsse er von ihnen zusammengehalten werden, denn sein Umfang war tatsächlich beeindruckend. Er sah, um es tautologisch zu sagen, wie ein König aus, und ob er nun wirklich von all den früheren Tui-Tongas abstammte oder von einer der anderen einander bekämpfenden und vertreibenden Dynastien, war mir angesichts dieser Pracht egal, und sei es nur, weil ich gern an Märchen glaube. Etwas von seiner Vorfahrin, der Sonne, strahlte aus seiner Haltung, und die engelhaften jungen Prinzessinnen um ihn herum verliehen seiner fürstlichen Gestalt noch mehr Relief. Vom Gottesdienst selbst verstand ich nichts. Die Predigt erinnerte mich an das apokalyptische Getöse, das man sonntags vormittags im niederländischen Radio hören kann, kalvinistische Stürme von Hölle und Verdammnis, doch die Gesichter um mich herum blieben entspannt, denn wer im Paradies lebt, läßt sich nicht so leicht angst machen. Wenn es eine Hölle gab, mußte es auch Sünde

166

geben, und das beruhigte mich beim Anblick so vieler schöner Menschen doch wieder ein wenig. Danach wurde gesungen, was ich nicht so schnell vergessen werde, schien es doch, als wären alle unterdrückten Leidenschaften in diesen Gesang geflossen. Von Niuatoputapu bis Vava'u, überall im gesamten Inselreich konnten sie es hören, die Kormorane, die Krebse, die Krabben, die Riesenmuscheln und die Wale, die hier jedes Jahr vorbeischwimmen, alle konnten es hören, bis in die tiefsten Tiefen des Ozeans. Eine große Orgel menschlicher Stimmen flog in den Himmel, und die königliche Familie sang nach Kräften mit. Der Rest meines letzten Tages verlief in Stille, die Kirchgänger hatten sich wieder in ihren Häusern verkrochen, und ich ging durch die leeren Straßen von Nuku'alofa, vorbei am weißen hölzernen Königspalast, an merkwürdigen Grabstätten mit umgekehrt in den Sand gesteckten Flaschen, am Sincere Variety Store und dem *maketi ika*, dem jetzt so stillen Fischmarkt. Morgen würde ich nicht mehr hier sein, sondern nach Samoa fliegen, um das Grab von Robert Louis Stevenson zu besuchen. Das Leben auf Tonga würde weitergehen und mich nicht im geringsten vermissen, hatte doch keiner mich wahrgenommen. Erst wenn man sich so verhält, daß man nicht wahrgenommen wird, gehört man ein wenig dazu, und das ist auf einer Insel im Stillen Ozean genausogut möglich wie in Los Angeles oder New York. Vielleicht ist dies sogar das heimliche Ziel allen Reisens: zwischen den anderen zu verschwinden. In New York bedarf es dazu keiner Anstrengung, man ist seine eigene Tarnung. Zwischen Syrern, polnischen Juden, Tibetern, Wikingern und Portugiesen ist man lediglich eine andere Schattierung, eine andere Teilmenge und, wie auch immer, jemand, der im Drugstore ein Döschen Vitamine kauft, jemand, der wohl einen Namen haben wird, aber eigentlich doch keinen hat, ein Passant. Das ist etwas, was vielen Menschen angst zu machen scheint. Mich erregt es. Wer viel reist, wird bis zum Überdruß gefragt, ob er womöglich vor irgendwas auf der Flucht ist, doch darum geht es nicht. Es geht darum, zu verschwinden und gleichzeitig dazubleiben. Man behält sein eigenes Leben – man kann eine Telefonnummer wählen, und wenn alles seine Richtigkeit hat, ist am anderen Ende immer jemand, der weiß, wer man ist –, doch gleichzeitig taucht man ab. Jeder kann einen sehen, als Selbst jedoch ist man unsichtbar. Man könnte sozusagen genausogut ein anderer sein. Man hat sich von der Anekdote des eigenen Daseins gelöst, jetzt ist man ein Einwohner der Provence oder von Rio de Janeiro, oder man ist gerade mit der Maschine der New Zealand Air nach Samoa gestartet. Unter einem liegt der Ozean mit diesen auf einmal so kleinen Inseln, auf denen man die letzten Tage verbracht hat. Die Illusion besteht daraus, daß man an all diesen Orten, die man erstmals aufsucht oder zu denen man zurückkehrt, noch ein zweites Leben hat, das zeitgleich mit dem anderen verläuft. Reisen ist im besten Fall auch eine Form des Meditierens, und das geht am Zattere in Venedig genausogut wie in Zagora am Rande der Sahara. Im Gegensatz zu dem, was ständig behauptet wird, ist die Welt für den noch immer unermeßlich groß, der mit sich selbst auf Reisen geht. So jemand war Stevenson, der mit seinem Esel durch die Cevennen wanderte. Auch er war ein ruhig-unruhiger Reisender, der seine letzten Lebensjahre auf diesen Inseln verbrachte, über die er wunderbare Bücher und Briefe geschrieben hat.

Ich habe im Aggie Grey's Hotel Quartier bezogen, wegen seiner wollüstigen tropischen Gärten und wegen der legendären Aggie, die das Hotel während ihres langen Lebens zu einem der berühmtesten des gesamten Pazifikraums gemacht hat, und auch wegen der dort stattfindenden *fiafias*, der Abende mit polynesischem Gesang und Tanz, die einen kurzzeitig in den wunderbaren Wahn versetzen, in lang vergangenen Zeiten zu leben. Wir sind nicht mehr unschuldig, dies sind nicht mehr die Sänger und Tänzer aus Stevensons Zeit, und zu dessen Zeit waren es auch schon längst nicht mehr die Sänger und Tänzer der vorwestlichen Zeit, in der die Bewohner von Samoa und von Tonga noch unter sich waren, keinen fremden Blicken ausgesetzt. Was man sieht, ist allenfalls ein Echo, aber immerhin. Wie der englische Schriftsteller Tim Parks kürzlich in einem Interview sagte, ist es heilsam für uns, die wir fortwährend von fünf

Kulturen zugleich umgeben sind, zuweilen, und sei es nur kurz, in einer Umgebung zu sein, in der sich nur eine authentische Kultur erhalten hat. Aggie Grey lebt nicht mehr, doch sie gehört zusammen mit Stevenson und Margaret Mead zu den Menschen, die den Ruf Samoas und eigentlich dieses ganzen Gebiets in der Welt verbreitet haben, die Legende von unverdorbener Schönheit und unkomplizierter, paradiesischer Sexualität. So war es natürlich nicht, wie auch die Erzählungen von Stevenson beweisen, der hier zu einer Zeit von Stammeskriegen lebte, doch die Schimäre ist, im Zusammenspiel mit der Landschaft, dem Charakter und der Schönheit der Menschen, nach wie vor wirkungsvoll. Grellfarbene tropische Blüten in einer Vase sind *eine* Sache, doch um den Hals lebendiger Wesen, die zudem noch singen und tanzen, werden sie zu etwas ganz anderem, es muß gewaltigen Eindruck auf die ersten Besucher gemacht haben, gleichgültig ob auf Tahiti, Oha'u oder Raratonga. Schließlich wollen wir glauben, was zu glauben wir uns vorgenommen haben, und so glaube ich in diesen Tagen nicht an die Realität, die Statistik und die Zeitung, sondern an das Rauschen der Brandung, den Markt mit Maniokwurzeln, Kräutern und Krabben, an die Pandanuspalmen auf ihren vielen Füßen, den Klang menschlicher Stimmen, die Lieder singen, die ich nicht verstehen kann, die aber von der Zeit aus einem unvorstellbaren Früher angeschwemmt worden sind, Lieder, die der Verfasser der *Schatzinsel* vor über hundert Jahren auch so gehört hat. An einem der letzten Tage meines Aufenthalts besuche ich sein großes, offenes Haus, das jetzt ein Museum ist. Es muß ein langer Weg gewesen sein, der Stevenson von seiner Heimat Schottland hierher geführt hat, ein Weg, der noch im Tempo von Schiffen zurückgelegt wurde. Unser eigenes Tempo nimmt sich dagegen armselig aus, wir leben unter dem Zwang der Gleichzeitigkeit, nie werden wir wissen, wie es war, wenn nach Monaten ein Brief eintraf, die Antwort auf einen anderen Brief, den man vor doppelt so langer Zeit geschrieben hatte. Es war eine selbstgewählte Verbannung, doch eine, die glücklich machte. »Sie dürfen mich beneiden«, schrieb er in einem Brief vom 7. November 1890 – da war er vierzig und sollte nur noch vier Jahre leben –, »wir wohnen jetzt in einer kleinen Baracke auf unserem eigenen Land, wir sehen das Meer, das sechshundert Fuß unter uns an zwei Regenwaldtäler stößt. Der Berg über uns ragt noch tausend Fuß höher empor, rings um die Lichtung, auf der wir unser Haus bauen, stehen große Bäume, die Vögel singen und singen, noch nie habe ich in einem solchen Himmel gelebt.«

Ich tue mich immer etwas schwer mit den Häusern toter Schriftsteller. Sie sind nicht da, sind verschwunden, nur in ihren Büchern sind sie noch zu finden. Manuskripte, vergilbte Fotos, alte Ausgaben, die Spinnweben der Vergangenheit. Draußen ist die Natur geblieben, wie sie war, die Bäume sehen aus wie auf diesen alten Fotos. Stevenson war bereits weltberühmt, als er 1889 mit dem Schoner *Equator* in Apia ankam. Er reiste weiter nach Sydney, doch der Ruf der Insel war zu stark, und 1890 kaufte er das Land, auf dem er sein Haus *Vailima* erbauen sollte. Er war bereits krank, und nach seinem Tod wurde er auf dem Gipfel des Berges Vaea, genau oberhalb seines Hauses, bestattet. In den vier Jahren, die er auf Samoa lebte, hatte er die Zuneigung der Einheimischen gewonnen. Sie nannten ihn *tusitala*, den Geschichtenerzähler. Der Weg zum Berggipfel wurde in einer einzigen Nacht von einer Gruppe von Stammesoberhäuptern im Regenwald angelegt. In der Nacht, bevor ich hinaufgehe, hat es stark geregnet, es scheint, als dampfe der Wald vor Hitze, wilde Sträucher, groteske Farne, die Embleme der tropischen Welt. Um mich herum die Gespräche der Vögel, der gleichen, die an jenem Tag zu hören gewesen sein müssen, an dem die Häuptlinge den Sarg nach oben schleppten. Der Weg ist weit, es ist glatt, ich begegne niemandem, als ich nach langem Marsch oben ankomme, bin ich durchnäßt. Das Grab liegt frei und offen da, außer den Vögeln und dem Wind ist nichts zu hören, niemand zu sehen. Tief unter mir liegt der Ozean, ich bin allein mit dem Dichter und lese die Verse, die er geschrieben hat und die jeder Reisende gern auf seinem Grab sähe:

> *Under the wide and starry sky,*
> *Dig the grave and let me lie.*

Glad did I live and gladly die,
And I laid me down with a will.

This be the verse you grave for me:
Here he lies where he longed to be;
Home is the sailor, home from the sea,
And the hunter home from the hill.

Als ich auf dem Rückweg an dem hohen Wasserfall im Wald vorbeikomme, weiß ich, daß meine lange, lange Rückreise zu meiner eigenen Insel im Mittelmeer begonnen hat. Die größte Versuchung für den modernen Reisenden, der sich der Tyrannei der Zeit nicht unterwerfen will, ist das Round-the-world-tikket. Ich reihe frühere und spätere Reisen aneinander und kümmere mich nicht mehr um den Zwang von Zeit und Reihenfolge. Ich werde in Japan aussteigen und in der Gegend von Kioto die zu einem früheren Zeitpunkt begonnene 33-Tempel-Tour fortsetzen, zu Fuß zu den fernen buddhistischen Klöstern hinaufsteigen, in denen Kannon, die Göttin der Barmherzigkeit, in all ihren dreiunddreißig Manifestationen verehrt wird, mit ihren elf Köpfen und tausend Armen. Danach werde ich aus Heimweh nach meinen kalifornischen Jahren in Los Angeles aussteigen und im Topanga National Park zum Eagle's Rock hinaufklettern und von dort auf denselben Ozean hinausblicken, den ich jetzt noch unter mir sehe, denselben, den ich die ganze Zeit zu meiner Linken haben werde, wenn ich auf dem Highway 101 nach San Francisco fahren werde und nach Marin County nördlich davon und den langen Weg zum McClure's Beach hinuntergehen werde, einfach weil ich das, seit ich mal eine Zeitlang in Berkeley unterrichtet habe, immer tue. Für einen anderen hört sich das vielleicht nach Trubel an, für mich bedeutet es Ruhe. An allen diesen Orten ist es still, man begegnet kaum jemandem. Am McClure's Beach bin ich einmal fast ertrunken, eine gewaltige Flutwelle hob mich hoch und warf mich ein Stück weiter an Land, und seit dieser Zeit kann ich nie in diesen Teil Amerikas kommen, ohne dort hinzugehen. Vielleicht ist es Unsinn, doch für mich ist es gerade der Reiz des Immergleichen, der mich zwanghaft an solche Orte zurücktreibt. Von den Kuppen der hohen Hügel blicken Wapitis mit ihren merkwürdigen ausladenden Geweihen auf einen herab, ich weiß genau, an welcher Stelle in dem schmalen Flüßchen neben dem steilen Weg ich wilde Brunnenkresse pflücken muß, und wenn ich unten bin, wo die See immer gefährlich ist, schaue ich dieser ewigen Bewegung und den kleinen Vögeln zu, die dicht am Saum all dieser Gewalt hin und her rennen, um ihre geheimen Hieroglyphen in den Sand zu schreiben. Und dann, eines Tages, ist das Archiv voll. Die Erinnerungen sind gespeichert, es ist Zeit, nach Hause zu fahren, nach Europa, in die alte Stadt am Wasser, zum Wein und zum Lavendel und zu den Freunden in der Provence, und schließlich, noch einmal über das Meer, zu den beiden Palmen und dem *Bella sombra*, die ich vor dreißig Jahren gepflanzt habe und die während dieser ganzen Zeit, die ich über die Welt tanzte, an einem Ort geblieben sind. Monatelang werde auch ich unbeweglich an diesem Ort bleiben und über all das schreiben, was ich gesehen habe, über die Wunder und Widersprüche der immer größer werdenden Welt und die Spur der Reisen, die ich in ihr gezogen habe und die hinter mir gelöscht werden wird.

2003

Quellennachweise

Die Reisegeschichten des vorliegenden Bandes sind von
Helga van Beuningen aus dem Niederländischen ins Deutsche übersetzt worden. Sie haben ihre deutschsprachige Erstveröffentlichung im Rahmen der *Gesammelten Werke* erlebt.
Der Essay über die *Engel von Perth* wird hier erstmals veröffentlicht.

Im Zeichen des Orion
In: Cees Nooteboom, GW 6, S. 807–822
© der deutschen Übersetzung Suhrkamp Verlag Frankfurt
am Main 2004

Im Haus des früheren Krieges
In: Cees Nooteboom, GW 6, S. 823–834
© der deutschen Übersetzung Suhrkamp Verlag Frankfurt
am Main 2004

Ein Stein in der Wüste
In: Cees Nooteboom, GW 6, S. 835–851
© der deutschen Übersetzung Suhrkamp Verlag Frankfurt
am Main 2004

Darwin, Nourlangie, Kakadu
In: Cees Nooteboom, GW 6, S. 852–867
© der deutschen Übersetzung Suhrkamp Verlag Frankfurt
am Main 2004

Inseln, Riff und Regenwald
In: Cees Nooteboom, GW 6, S. 868-887
© der deutschen Übersetzung Suhrkamp Verlag Frankfurt
am Main 2004

Die Engel von Perth – Ein Mysterienspiel im Jahr 2000
Erstveröffentlichung
© der deutschen Übersetzung Suhrkamp Verlag Frankfurt
am Main 2008

Trockene Flüsse, tote Gesänge
Kapitel 9-12 aus Cees Nooteboom, Paradies verloren.
Roman (Suhrkamp 2005), S. 48-69 und GW 9, S. 37-54
© der deutschen Übersetzung Suhrkamp Verlag Frankfurt
am Main 2005

Geträumte Reisen
In: Cees Nooteboom, GW 6, S. 888-901
© der deutschen Übersetzung Suhrkamp Verlag Frankfurt
am Main 2004

GW Cees Nooteboom, *Gesammelte Werke*, Band 1-9, her-
ausgegeben von Susanne Schaber
Band 6: Auf Reisen 3. Afrika, Asien, Amerika, Australien.
Aus dem Niederländischen von Helga van Beuningen und
Andreas Ecke. Frankfurt am Main 2004
Band 9: Poesie und Prosa 2005-2007. Aus dem Niederlän-
dischen von Helga van Beuningen, Andreas Ecke und Ard
Posthuma, Frankfurt am Main 2008

Inhalt

Im Zeichen des Orion 7
Im Haus des früheren Krieges 29
Ein Stein in der Wüste 47
Darwin, Nourlangie, Kakadu 70
Inseln, Riff und Regenwald 92
Die Engel von Perth – Ein Mysterienspiel
im Jahr 2000 120
Trockene Flüsse, tote Gesänge 133
Geträumte Reisen 156

Quellennachweise 176

Mit Cees Nooteboom
um die Welt

Die besten Reisegeschichten

Auf der anderen Wange der Erde. Reisen in den Amerikas. Aus dem Niederländischen von Helga van Beuningen und Andreas Ecke. Herausgegeben von Susanne Schaber. st 3995. 300 Seiten

Eine Karte so groß wie der Kontinent. Reisen in Europa. Aus dem Niederländischen von Helga van Beuningen und Rosemarie Still. Herausgegeben von Susanne Schaber. st 3994. 291 Seiten

Geflüster auf Seide gemalt. Reisen in Asien. Aus dem Niederländischen von Helga van Beuningen. Herausgegeben von Susanne Schaber. st 3997. 288 Seiten

In der langsamsten Uhr der Welt. Reisen in Afrika. Aus dem Niederländischen von Helga van Beuningen und Rosemarie Still. Herausgegeben von Susanne Schaber. st 3996. 242 Seiten

Leere umkreist von Land. Reisen in Australien. Aus dem Niederländischen von Helga van Beuningen. Herausgegeben von Susanne Schaber. st 3993. 179 Seiten

Cees Nooteboom
im Suhrkamp Verlag

Gesammelte Werke. Alle Bände einzeln lieferbar. Gebunden
- Band 1: Gedichte. Übersetzt von Ard Posthuma und Helga van Beuningen. Herausgegeben von Susanne Schaber. 418 Seiten
- Band 2: Romane und Erzählungen 1. Übersetzt von Helga van Beuningen und Hans Herrfurth. 660 Seiten
- Band 3: Romane und Erzählungen 2. Übersetzt von Helga van Beuningen und Rosemarie Still. 601 Seiten
- Band 4: Auf Reisen 1. Von hier nach dort: Niederlande – Spanien. Übersetzt von Helga van Beuningen. Herausgegeben von Susanne Schaber. 605 Seiten
- Band 5: Auf Reisen 2. Europäische Reisen. Übersetzt von Helga van Beuningen und Rosemarie Still. Herausgegeben von Susanne Schaber. 607 Seiten
- Band 6: Auf Reisen 3. Afrika, Asien, Amerika, Australien. Übersetzt von Helga van Beuningen und Andreas Ecke. Herausgegeben von Susanne Schaber. 931 Seiten
- Band 7: Auf Reisen 4. Übersetzt von Helga van Beuningen, Andreas Ecke und Rosemarie Still. Herausgegeben von Susanne Schaber. 747 Seiten
- Band 8: Feuilletons. Übersetzt von Helga van Beuningen u.a. Herausgegeben von Susanne Schaber.
- Band 9: Poesie und Prosa 2005-2007. Übersetzt von Helga van Beuningen, Andreas Ecke und Ard Posthuma. Herausgegeben von Susanne Schaber. 867 Seiten

NF 228/1/5.08

Erzählungen und Romane

Allerseelen. Roman. Übersetzt von Helga van Beuningen.
436 Seiten. Gebunden. st 3163. 440 Seiten

Der Buddha hinter dem Bretterzaun. Eine Erzählung.
Übersetzt von Helga van Beuningen. BS 1189. 84 Seiten

Ein Lied von Schein und Sein. Übersetzt von Helga van
Beuningen. BS 1024. 98 Seiten. 111 Seiten. Gebunden. st 2668.
110 Seiten

Die folgende Geschichte. Übersetzt von Helga van Beuningen.
147 Seiten. Gebunden. BS 1141. 146 Seiten. st 2500 und st 3405.
148 Seiten. st 3616. 160 Seiten

In den niederländischen Bergen. Roman. Übersetzt von
Rosemarie Still. 145 Seiten. Gebunden. st 2253. 146 Seiten

Kinderspiele. Erzählung. Übersetzt von Helga van Beuningen.
45 Seiten. Bütten-Broschur

Mokusei! Eine Liebesgeschichte. Übersetzt von Helga van
Beuningen. st 2209. 74 Seiten. st 3722. 80 Seiten

Paradies verloren. Roman. Übersetzt von Helga van Beuningen. Gebunden und st 3808. 156 Seiten

Philip und die anderen. Roman. Übersetzt von Helga van
Beuningen. Mit einem Nachwort von Rüdiger Safranski.
Gebunden und st 3661. 160 Seiten

Der Ritter ist gestorben. Übersetzt von Helga van Beuningen.
Gebunden, BS 1286 und st 3779. 150 Seiten.

Rituale. Roman. Übersetzt von Hans Herrfurth. Gebunden und st 2446. 231 Seiten. st 2862. 232 Seiten. st 3931. Groß-druck. 330 Seiten

Roter Regen. Leichte Geschichten. Übersetzt von Helga van Beuningen. Mit Zeichnungen von Jan Vanriet.
239 Seiten. Gebunden

Der verliebte Gefangene. Tropische Erzählungen. Übersetzt von Helga van Beuningen. Gebunden und st 3923. 108 Seiten

Nooteboom, der »Augenmensch«

Berliner Notizen. Übersetzt von Rosemarie Still. Mit Fotos von Simone Sassen. es 1639. 338 Seiten

Die Dame mit dem Einhorn. Europäische Reisen.
302 Seiten. Gebunden. st 3018. 320 Seiten

»Ich hatte tausend Leben und nahm nur eines«. Ein Bre-vier. Übersetzt von Helga van Beuningen. Herausgegeben von Rüdiger Safranski. 190 Seiten. Gebunden

Der Laut seines Namens. Reisen durch die islamische Welt. Übersetzt von Helga van Beuningen und Rosemarie Still. st 3668. 230 Seiten

Im Frühling der Tau. Östliche Reisen. Übersetzt von Helga van Beuningen. st 2773. 344 Seiten

Nootebooms Hotel. Übersetzt von Helga van Beuningen. Gebunden und st 3387. 528 Seiten

Die Insel, das Land. Geschichten über Spanien. Übersetzt von Helga van Beuningen. Mit Fotos. 120 Seiten. Gebunden

Paris, Mai 1968. Übersetzt von Helga van Beuningen. Mit Fotos von Eddy Posthuma de Boer. es 2434. 96 Seiten

Selbstbildnis eines Anderen. Träume von der Insel und der Stadt von früher. Übersetzt von Helga van Beuningen. 73 Seiten. Gebunden

Der Umweg nach Santiago. Übersetzt von Helga van Beuningen. Mit Fotos von Simone Sassen. st 2553. 416 Seiten. st 3860. 427 Seiten

Wie wird man Europäer? Übersetzt von Helga van Beuningen. es 1869. 92 Seiten

Mit Cees Nooteboom um die Welt

Auf der anderen Wange der Erde. Reisen in den Amerikas. Übersetzt von Helga van Beuningen und Andreas Ecke. Herausgegeben von Susanne Schaber. st 3995. 300 Seiten

Eine Karte so groß wie der Kontinent. Reisen in Europa. Übersetzt von Helga van Beuningen und Rosemarie Still. Herausgegeben von Susanne Schaber. st 3994. 291 Seiten

Geflüster auf Seide gemalt. Reisen in Asien. Übersetzt von Helga van Beuningen. Herausgegeben von Susanne Schaber. st 3997. 288 Seiten

In der langsamsten Uhr der Welt. Reisen in Afrika. Übersetzt von Helga van Beuningen und Rosemarie Still. Herausgegeben von Susanne Schaber. st 3996. 242 Seiten

Leere umkreist von Land. Reisen in Australien. Aus dem Niederländischen von Helga van Beuningen. Herausgegeben von Susanne Schaber. st 3993. 179 Seiten

Gedichte

Gedichte. Ausgewählt, übersetzt und mit einem Nachwort von Ard Posthuma. 163 Seiten. Gebunden

Das Gesicht des Auges. Het gezicht van het oog. Zweisprachig. Übersetzt von Ard Posthuma. Gebunden und BS. 86 Seiten

So könnte es sein. Zo kon het zijn. Zweisprachig. Übersetzt von Ard Posthuma. 128 Seiten. Gebunden

Über Cees Nooteboom

Der Augenmensch Cees Nooteboom. Herausgegeben von Daan Cartens. st 2360. 300 Seiten

Cees Nooteboom

Allerseelen

Roman
Aus dem Niederländischen von Helga van Beuningen
436 Seiten. Gebunden und st 3163

Arthur Daane, ein Niederländer in Berlin, hat seine Frau und seinen Sohn bei einem tragischen Unglück verloren – und streift nun mit der Filmkamera durch die Großstadt im Schnee, auf der Suche nach Bildern für sein »ewiges Projekt«, seinen Film, und auf der Suche nach Elik, einer jungen Frau.
Hier, in Deutschlands schillernder Metropole, fühlte sich Arthur von neuen Freunden aufgenommen. Mit dem Philosophen Arno Tieck, dem Bildhauer Victor Leven und der Physikerin Zenobia Stein diskutierte er – oft bei ausgedehnten Essen – über die Ereignisse und Umbrüche der neunziger Jahre und über deren metaphysische Dimensionen.
Als Arthur Daane eines Tages die junge Geschichtsstudentin Elik Oranje kennenlernt, bekommt alle Metaphysik plötzlich sehr konkrete Konturen. Elik wird zur Sirene, sie ist eine Frau mit Geheimnissen, auf die Arthur hört, der er folgt, bis nach Madrid, bis zum Ende.

»Ein großer und ausgeruhter, ein europäischer und kosmopolitischer Roman.«   *Ulrich Greiner, Die Zeit*

NF 225/1/5.08

Cees Nooteboom

Die folgende Geschichte

Aus dem Niederländischen von Helga van Beuningen
suhrkamp taschenbuch 2500
148 Seiten

Wieso wacht Hermann Mussert in einem ihm vertrauten
Zimmer in Lissabon auf, obwohl er doch in Amsterdam
wohnt und sich dort auch am Abend zuvor zum Schlafen
niedergelegt hat? Ein spontaner Entschluß zum Aufbrechen in eine andere Gegend kann es nicht gewesen sein,
denn dieser Altphilologe ist eher ein Lebensuntüchtiger,
ganz seinen griechischen und lateinischen Autoren zuge-
wandter Mensch. Träumt er nur, in Lissabon aufzuwa-
chen? Oder ist sein Gang durch Lissabon eine Reise in
der Erinnerung, also eine Reise in der Zeit? Denn immerhin ist dies der Ort einer richtigen Affäre mit einer Kolle-
gin.
Im zweiten Teil der Geschichte bricht Mussert – im
Traum? in der Wirklichkeit? – mit sechs anderen Perso-
nen zu einer Schiffsreise nach Brasilien auf. Alle Reisenden erzählen von ihrem Leben. Die Geschichte, die Hermann Mussert als letzter erzählt, scheint alle Rätsel zulö-
sen: er gibt ihr den Titel *Die folgende Geschichte*.

Cees Nooteboom

Rituale

Roman
Aus dem Niederländischen von Hans Herrfurth
suhrkamp taschenbuch 2446
231 Seiten

»Ein großer europäischer Schriftsteller. Ein poetischer Roman, in dem die Erotik im Mittelpunkt steht.« So lobte Marcel Reich-Ranicki *Rituale*. »Man sollte ihn lesen, er ist gut«, urteilte die *Süddeutsche Zeitung*, und auch die *Neue Zürcher Zeitung* war lakonisch und prägnant: »Die Qualität von Nootebooms Schreiben ist wahrhaft hinreißend. Nicht nur stimmen seine Figuren und die mit böser Phantasie ausgedachten Geschichten, nicht nur ist seine These klug, bedenkenswert und existentiell beunruhigend, sondern auch sein Stil ist einzigartig intelligent.«
Das Amsterdam der fünfziger, sechziger und siebziger Jahre erscheint hier in der Perspektive von Inni Wintrop. Dieser will Selbstmord begehen in seinem WC, »weil er in seinem Horoskop für ›Het Parool‹ prophezeit hatte, seine Frau werde mit einem anderen durchbrennen, und er, der ja ein Löwe war, würde dann Selbstmord begehen. Es war eine treffende Prophezeiung.« Doch wie der Tod so spielt, der Strick reißt. Mit neuer Aufmerksamkeit beobachtet er die Menschen in ihrer Stadt. Er beobachtet die Rituale, die Hilfskonstruktionen, mit denen sie versuchen, der verrinnenden Zeit, dem Gaukelspiel der Erinnerungen, der persönlichen Geschichte den Anschein des Sinnvollen zu geben.